第三章 途中：了解自己是最重要的事

068 （一）一小時自我了解
086 （二）目標二：成為一個「自得其樂」的人
091 （三）定期回望自己
095 本章總結

第四章 繼續：獲得穩定好心情的六個法寶

100 （一）提升「積極率」
103 （二）建立你的滋養清單
109 （三）自我「放縱」一下
109 （四）「會休息」比「會努力」更重要
112 （五）如何正確運用「正能量」
115 （六）如何應對「至暗時刻」
118 （七）目標三：獲得蓬勃的人生
120 本章總結

第五章 進階：如何輕鬆舒適地與他人相處

124 （一）陷入社交恐懼
128 （二）內向不好嗎
131 （三）良性溝通的秘訣
138 （四）如何治癒原生家庭留下的黑洞
145 （五）如何去愛
154 本章總結

第六章 衝刺：我想要開心地工作

158 （一）工作為甚麼不快樂
163 （二）提升自我效能感
164 （三）在工作中建立「心流」
173 （四）培養覺察能力
176 （五）如何對抗拖延
179 （六）做起事情來毫不費力的辦法
183 （七）自律的技巧：好習慣列表
185 （八）45 分鐘工作法：專注的力量
196 本章總結

第七章 旅程的終點是甚麼 199

寫在最後 旅途結束，再見啦 209

參考書目 215

好心情手册

邵夷貝 著

非凡出版

自序 006

《好心情手冊》使用指南

012 01. 那些需要提前回答的問題
013 02. 如何使用這本書
014 03. 重要聲明

第一章 15 分鐘快速啟動「好心情之旅」

019 （一）啟動儀式
020 （二）從零開始做一個開心的人
024 （三）最終摘得的「金盃」是甚麼
028 本章總結

第二章 啟程：尊重自己的情緒，哪怕是低落的

032 （一）致我們的消極情緒
034 （二）讓我們「持續開心」的到底是甚麼
038 （三）如何應對「不開心」
047 （四）情緒是可以訓練的
056 （五）目標一：穩定情緒曲線，提升幸福基準線
065 本章總結

和我一起，

像創作音樂一樣創造生活

自序

為甚麼寫這麼一本書？

因為有很長一段時間不開心。

作為一個音樂創作者，我曾以悲傷為美，認為痛苦是創作的源泉。它賜人敏鋭的感受力，也很容易讓人因敏感而產生情緒波動。

作為一個受傳統中式教育長大的孩子，我自小家教嚴格 —— 犯錯必然會被批評，進步鮮少受到稱讚，習慣小心謹慎，成長過程中一度很難獲得油然而生的快樂。

而作為一個古早時期的初代網紅，網絡人身攻擊一度把我擊垮，有將近兩年的時間我拒絕和外界聯繫，一切社交都令我備受煎熬。

我陷入了一種看似不明顯，卻不能忽視的困境 —— 無法享受生活，無法獲得穩定的好心情，無法維持足夠時間長度的專注，無法保持平穩而飽滿的精神和創作狀態，每天都被不知道是甚麼的事情消耗着能量，疲憊不堪。

現實殘酷起來的話，絕對不會考慮人的承受能力。天災人禍，毫無徵兆地衝擊着每個人的生活，危機接連出現的時候沒有甚麼機會讓人喘息。穩定的情緒和積極的心態在這些事情面前是一種能力，是武器，也是救命稻草。

日常生活中，我們每天也疲於應對各種細微的變化和不確定。這些「不確定」帶來了很多危機感和情緒焦慮。適度的焦慮令人奮進，而持續的焦慮則會把人拖垮。

「不開心」這件事人人都能做到，但只有被壞情緒擊垮過的人，才能夠真正意識到「好心情」有多麼重要。

世界上有愈來愈多娛樂的形式、快樂的方法，可我們依然很難獲得「穩定的快樂」。

「為甚麼持久的滿足感不能延續？」

「為甚麼幸福的人非常罕見？」

「我有沒有可能憑藉一己之力走出目前的心理困境？」

為了解答這些問題，我開始接觸心理學，嘗試從書本知識中尋找答案。這不僅是為了自救，也是因為好奇。我除了是個「敏感易碎」的文藝女青年外，也是個擁有「偶發理性」的知識女性。

必須讓自己從劇烈的情緒波動中，從對周遭人事物過分敏銳的恐懼中走出來。同時，也希望自己的生活不僅僅局限於與自身弱點的對抗，期待能掙脫被弱點束縛住的手腳，找出一套與自己的情緒、頭腦更好相處的方式。

活下去，盡情地投入到這個不完美的世界中間去。

從開始進修到最終寫完，完成這本書我用了整整三年。它不僅是一個知識和方法論的系統梳理，也結合了我自身的實踐。我希望它可以經過驗證，讓一個特別不快樂的人獲得穩定而充盈的情緒狀態，從疲憊而沉悶的生活狀態中走出來，找到充滿動力的「活法」。

我做到了，希望也能對你們有用。

本書的很多知識源於積極心理學的教材和理論。

積極心理學作為二十世紀末新興的心理學流派，致力於研究人的優勢心理狀態，比如快樂、專注、幸福、希望、寧靜等積極情緒產生的原理，嘗試通過科學的方式幫助人們尋找告別煩惱的方法，並試圖讓更多人建立最優的心理體驗。

教材措辭學術、知識繁雜，雖有觸動卻很難直接改善我的生活。為了建立一套行之有效的「行動法則」，我依據自己的理解重新整理出了一套逐步建立穩定的「好心情」的方法，也就是這本《好心情手冊》。

在我的理解中，獲得穩定的快樂是一種生活技能，一種能夠變成內在習慣的、有「秩序感」的心理體驗。

我們的日常，如果不加約束，就會自發地向混亂、無序的方向發展。這一現象也在某種程度上印證了「熱力學第二定律」—— 不加約束的能量會自動地向混亂發展。

對於現代社會的我們來說，單單是把自己的注意力從蕪雜而混沌的資訊流裏撈出來就已經很難了，「冷靜、清醒、有條理」則是對當代人而言極其重要的優良品質。我們總結的很多規則、秩序上的經驗、自律的努力，都是在與這種混亂進行對抗。若是能在這混亂中建立生活的條理，讓一部分日常不內耗地規律運行，生活會輕鬆得多。

我們的生活始終接受兩種相反力量的拉扯，一種力量製造秩序與效率，一種力量引發混亂與消耗，比如：努力和休閒。

人需要休閒、睡眠、徹底的鬆弛以積聚體力和精力來保證持續的努力，也需要高效的努力來換取不受約束、自由選擇的休閒。努力製造秩序，休閒則消解秩序。這兩個互為因果的選項永遠在左右着我們的日常選擇，決定着我們人生的走向。

有沒有更好的方法，能使努力和休閒不互相消耗，使努力的過程有更多愉悅感，使休閒帶來的歡樂也可以積累和持續供應能量？

這就是這本書試圖探索的內容：通過知識和自己的實踐，提供一套「可持續快樂」的生活邏輯 —— 把容易混亂的部分納入規則，從而節省出更多的自由時間體驗快樂。

像鍛煉肌肉一樣練出穩定的「好心情」。

1946 年，世界衛生組織在其憲章的序言裏寫道：「健康是一種身體上、精神上以及社會關係上的全面良好狀態，而不僅僅是沒有疾病或不虛弱。」

「好心情」和「好身體」一樣，是健康的重要組成部分。

在現代社會裏，「都市病」被頻繁提及，每個人都會或多或少被消極的情緒縈繞，而獲得「好心情」並不是說一句「我們都要內心強大」就可以辦到的，心靈雞湯也沒法持續供能。

「好心情」需要通過系統的訓練去建立和維護。

所以，這不是一本單純的「享樂手冊」，閱讀的過程不見得全是輕鬆愉悅的。那些燒腦的部分就像使肌肉痠痛的力量訓練一樣，只要你願意投入時間和注意力去探索，就會得到有益的收穫。若是繞開或者半途而廢，則有可能一無所獲。

在讓自己變好這件事情上，從來沒有一勞永逸的「神仙丹」和「武功秘笈」。枯燥而乏味的堅持是建立穩定心態的必經之路，希望我們都能在這一過程中破除幻覺。

書中沒有太多的觀點輸出，許多地方需要你依據自己的經驗去填充、去測試。它不是來自我的生活意見，而是來自你的自我梳理，幫助你和自己展開一次有效的交談。

若你能認真地思考書中的問題，填寫書中的表格，定期回顧和自我檢視，相信當閱讀結束，這將變成一本屬於你的，可以在迷茫時反復翻閱的個人思考筆記本 —— 一個屬於你的「內心世界的秩序」。

人生旅途漫長，陪伴你最久的那個人是你自己，能真正改變你的人也只有自己。在旅程的開始，我期待你試着去「認識自己」；在旅程的結束，我希望你能夠「成為自己」，去建立自己的人生哲學，去探索適用於自己的生活方式，去實現屬於自己的穩定好心情。

這個世界殘酷與美好並存，對任何人來説都是一樣。未來充滿挑戰與風險，這也正是它有趣的地方。

出發吧，開啟這趟旅程！

掃碼下載電子版《好心情測試本》，可配合本書使用

通往不幸有一個最簡單的步驟：

甚麼也不做。

——泰勒·本—沙哈爾《幸福的方法》

《好心情手冊》使用指南

01 那些需要提前回答的問題

甚麼是這本書要建立的「好心情」？

我們試圖建立的「好心情」不是短暫的愉悅，而是「可維持的積極穩定的狀態」。這種狀態可以為我們提供更多的活力和精力，促使我們更高效、更高興地工作與生活。

本書將幫助你梳理出你的認知誤區、個人優勢、價值取向和行動需求，提供一套系統的方法，讓你在自身基礎上逐步建立積極的狀態。

每個人都可以建立這種「好心情」嗎？

每一個技能的訓練和習慣的養成，都需要付出持之以恆的努力，獲得穩定的好心情也不例外。

它並不是一件一勞永逸的事情，你不可能看完這本書就獲得了超能力。你需要將這些知識變成自己的認知，然後將認知培養成習慣。這是一個需要毅力、動力並持續重複的訓練過程。

為甚麼「好心情」這麼重要？

獲得積極的情緒是一種思維方式。它並不單純用來營造生活中的「小確幸」，也會直接改變我們看待世界的視角和處理問題的方式。對於現代社會生活中常見的壓力過大、焦慮和抑鬱狀態，它都有良性的緩解作用。

內在的思維方式和積極的動機，比外在的一切娛樂刺激都更持久有效。只有養成「好心情」的內在習慣，才有可能保持旺盛的精神狀態和穩定的情緒，才有足夠的能量去克服困難，追求想要的生活。

02 如何使用這本書

本書的章節順序是按照一場「冒險類遊戲」的思路進行設計的。在這場「好心情之旅」的閱讀遊戲中，我們通過知識來改善認知，通過方法來訓練情緒應對技巧，通過表格和測試來自我梳理。就像過關打怪、修煉升級，逐步建立穩定的好心情。

書中的每一章節基本分為以下幾個部分：

正文

順序閱讀，逐步理解開心的原理和建立好心情的知識體系。

表格、測試

空白表格由你梳理和填寫，「範例」則由我來填寫提供參考。在附贈的電子版「好心情測試本」中（手機掃描本書 P.10 QR code 下載），我也按照書中的邏輯順序將一些重要表格再次排列，方便你統一梳理。

章節總結、階段回饋

每一章結尾都有總結，幫助你梳理一整章的內容。通過總結，你可以看到自己在這個章節的進展回饋，總結自己的收穫和進步。

延伸閱讀

書中提及的一些發散的知識點分享，不屬於正文的知識體系，可以作為興趣閱讀。

03 重要聲明

作為一本自助手冊，《好心情手冊》針對的是普遍的情緒困擾。如果心理問題已上升到了病理狀態，請及時就醫，尋求專業人士的幫助，遵循醫囑。

出發吧！
開啟這趟旅程！

第一章

15分鐘快速啟動「好心情之旅」

我希望你把它看作一個「現實遊戲」。

我們往往可以很輕鬆地打開一個遊戲，創建角色，了解規則，收集裝備……即使有重複單調的升級打怪環節，玩家也很少會抱怨、排斥和恐懼，反而會有持續的愉悦感和成就感。

而當我們面對人生時，卻很難像玩遊戲一樣去忍受風險和失敗，甚至很難享受微小的勝利。真實的生活事關生存，每一個選擇都可能決定命運，沒辦法註銷帳號，只能在現實的旅途中緊張而謹慎地移動着。

如果我們將「建立好心情」這一目標單獨列出來，將之變成一個「現實遊戲」呢？

首先，這個遊戲不會讓你的生活承擔風險 —— 它僅僅關乎內在自我的改變，不會直接影響與你生存有關的重要決策。

同時，它又對現實生活有切實的幫助 —— 通過對你內在狀態的調整，將效果直接回饋到現實中，讓你直觀感受到現實世界中狀態的升級，並能夠因此獲得回報。

所以，讓我們放輕鬆，一起用打遊戲的心態來開始這段「好心情之旅」。

這將是一段美妙的旅程，讓我們一起感受我們是如何通過科學技巧和知識來尋得力量、獲取能量、找到優勢、克服困難並最終收穫成長的吧。就像在遊戲裏提升技能獲得金幣和寶箱一樣，你也會在「好心情之旅」中不知不覺建立改善自己生活的能力。

那麼，就開啟這個「現實遊戲」吧！

一 啟動儀式

無論你手頭有甚麼事情，無論你面對着多少煩惱，此時此刻，如果想要喚醒你美好的心情，請立即坐下，拿出紙筆或打開文檔，忽略掉一切瑣事，計時 15 分鐘。讓我們放棄一切雜念，啟動你的「好心情之旅」。

（為了避免你找藉口拖延，可以告訴自己：除非是極其緊急的事情，大多數事等上 15 分鐘再去處理不會有任何問題。如果你在工作時段沒辦法擁有 15 分鐘的自由，那就選擇在非工作時段進行。）

先問自己一個問題：你是不是由衷地期待自己獲得穩定的好心情？

「內外一致」是我們真正把一件事情做好的前提。如果我們選擇做的事情違背了我們的意願，僅僅因為「大家都這樣做」或者「別人讓我這樣做」，那我們就會非常容易放棄。好玩的遊戲不也都是我們自願去玩的嗎？所以，如果你並不是自願加入這趟「好心情之旅」的，現在就可以合上這本書，送人或丟掉它。

▶ **你是由衷地期待獲得好心情嗎？**

○是 ／○ 不是

下面，把你「好心情之旅」的名字認真地寫在這裏。

我們需要讓這趟旅途生動、有生命力，讓它成為你生活中的一個陪伴。所以，請像對待收養的小動物一樣對待它，把它的名字寫下來，對它負責，比如，「邵夷貝的好心情之旅」。

寫下名字也是一種儀式，它宣告你正式開始讓這趟「好心情之旅」進入到你的生活裏了。

二 從零開始做一個開心的人

不管你是天生樂觀的人，還是從出生起就無比沮喪，我們的旅程都將從你現在的「開心水準」起步，基於你現有的狀態開始行動。

如何標注此刻的起點呢？

每一趟旅程，我們都需要一個期待自己會到達的目的地。

在這趟「好心情之旅」中，如果我們期待最終獲得「理想中的狀態」，那現在，就應該先嘗試找到自己的位置：我們距離目的地還有多遠？往哪個方向走更容易接近目標？要在哪幾個部分努力？

接下來，你要通過一張「靶心圖」來協助自己找出你所處的大概位置，以及即將前進的方向。

心情的好壞往往不是單純的情緒問題，而是綜合因素影響的結果，也許是身體不適、情緒不佳，也許是現實的衝擊、對未來的迷茫……獲得「穩定的積極狀態」實際上是一整套身心與現實的協調。

因此，我們的靶心圖，以及整本書都將圍繞以下四個維度去進行梳理。

身心

身體和情緒狀態對我們心情的影響——我們此刻的情緒狀態是開心、沮喪、焦慮還是憂鬱？我們的身體此刻有沒有疲乏、痠痛、不適？

境遇

外部環境、遭遇對我們心情的影響——外部事件是如何影響到我們的？我們是否具備足夠的能力改變境遇？我們該怎樣讓自己更好地適應環境，建立平衡、穩定的心態？

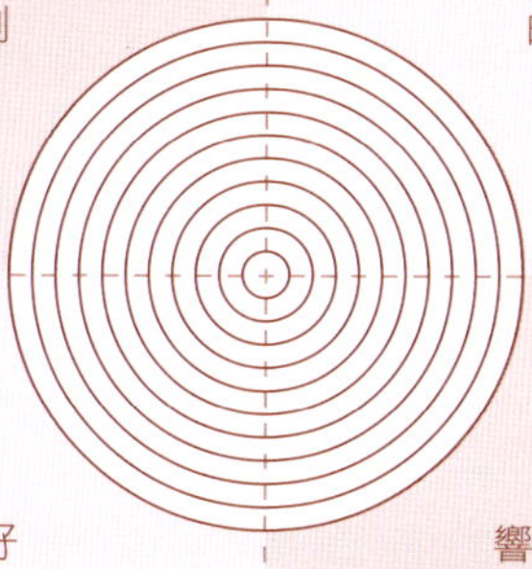

認知

我們對事情的解讀對我們心情的影響——我們該如何更好地直面現實，與外界相處，與自我協調，獲得更多積極情緒？面對同樣的問題，我們該如何通過不同的理解和闡釋來獲取更好的情緒狀態？

價值

每個人獨有的價值取向對心情的影響——哪些事情能令我們快樂？哪些行為能給我們成就感？哪些是我們熱愛的？哪些是我們厭惡的……人各不同，我們需要了解自己的價值取向，選擇令自己更有動力的事情去做。

請你在這四個維度分別為自己的現狀評分，分數範圍是1—10，愈接近「理想中的自己」，分數愈高。

（你此刻身體狀態和情緒狀態的好壞程度）

很不好　1　2　3　4　5　6　7　8　9　10　非常好

（你對此刻生活現狀、外部環境、現實遭遇的滿意程度）

很不滿意　1　2　3　4　5　6　7　8　9　10　非常滿意

（面對生活中重大的突發事件和劇烈變化，你傾向於積極地解讀並迅速紓解情緒，還是悲觀地解讀並花很長時間理解和接受）

消極悲觀　1　2　3　4　5　6　7　8　9　10　積極樂觀

（你是否清楚自己喜歡做甚麼，是否已經在做能實現自己價值的事情了）

不清楚，沒在做　1　2　3　4　5　6　7　8　9　10　很清楚，在做了在下面靶心圖每區相應的分數環上畫一個「×」，來表示你今天所處的位置（愈靠近靶心分數愈高）：

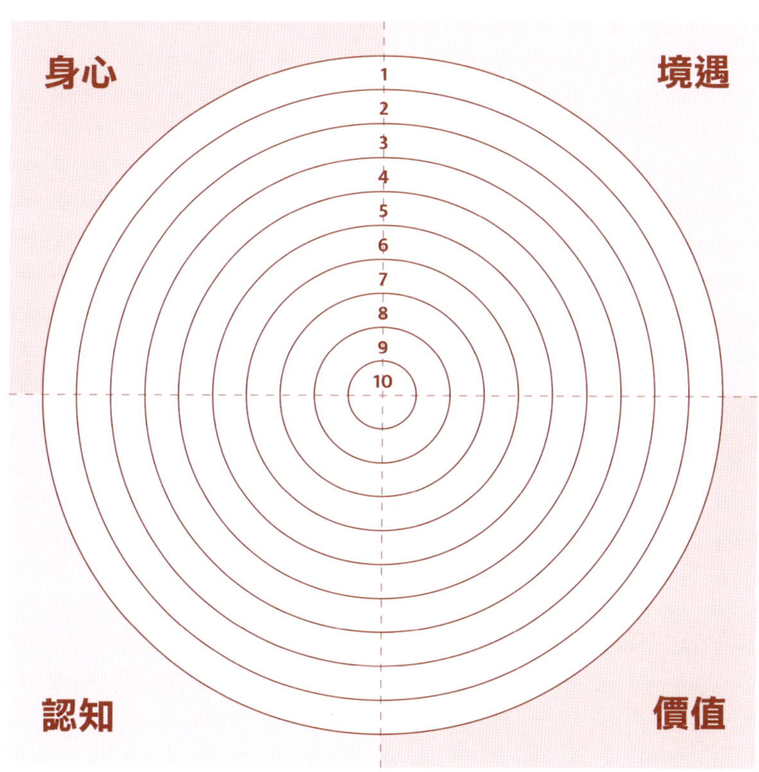

從這個靶心圖，你可以清晰地看到「現實中的你」與「理想中的你」，以及「現實生活」與「理想生活」之間的差距，還能看到你在身心、境遇、認知、價值四個維度上是否平衡。

而我們的「好心情之旅」就是協助你建立穩定的理想狀態，並在生活中這幾個面向分別建立平衡。

現在，讓我們把靶心圖中標注了「×」的地方看作是旅程的「起點」。

過去的一切不再是羈絆、挫敗或折磨，而是經驗、回憶和有待修復或加強的具體事項，是開始下一局遊戲的起始條件。它們造就了今天的你我，也是我們未來做出的每一個選擇的基礎。不需要和任何人比較，從今天起，在「好心情之旅」中踏出的每一步，都是為了獲得一個狀態更佳的自己。希望未來你只和現在的自己比較，來評判旅程最終是否有所收穫。

喬丹 · 彼得森（Jordan Peterson）教授說過這樣一句話：「把你對生活的態度實踐出來，你才能得到存在的證明。沒人能告訴你，哪條路是你的路，你的使命就是去發現答案。」

我們都需要在不斷的嘗試中找到屬於自己的答案，這也是這趟旅程的意義所在。

從零開始，出發吧！

三 最終摘得的「金盃」是甚麼

所有的冒險遊戲都有「金盃」或「寶藏」在終點等待，那麼，這趟「好心情之旅」的「金盃」是甚麼呢？

在接下來的章節裏，我們將一起完成的目標包括：

了解那些決定我們情緒狀態的因素，找到最適合自己的情緒對策，讓自己在情緒波動後最快回到最佳的情緒狀態，應對生活中的挑戰和變化。

從萬千雜亂的現象中理出一個相對清晰的「你」——你的優勢，你的動機，對你來說最重要的事情，成為怎樣的人會令你更開心，等等。通過這種方式，找到最適合自己定位的路徑。

拿到「獲得快樂」的技巧錦囊，你可以在壓抑沮喪時隨手打開錦囊，按情境選擇讓自己走出低迷的有效方法。

收穫重要生活、工作場景的應對策略，得到社交、親密關係、工作中調節情緒、與人溝通的合理建議。

得到一張比較清晰的「行動地圖」，更加明確自己的目標，並掌握隨時反思和調整目標的方法。有比較均衡的生活框架，更清楚自己的失衡和盲點，學會自行校準方向。

「好心情之旅」是一場無害的現實挑戰遊戲。像所有的遊戲一樣，我們自願參與、建立角色、進入場景，構架起始條件和挑戰的目標，追逐終點的獎章和金盃。同時，不管起始時你是一手好牌還是一手爛牌，只要堅持打下去，就總會有提升。唯一不同的是，這將是你在現實生活中的提升。堅持把這個遊戲融入生活，你總能摘到屬於自己的「現實金盃」。

我們的目標是成為一個心情好且整體狀態佳的人，而這本書、這趟旅程，就是旨在幫助你達成這樣一個目標。

我期待你通過對書中概念的理解和踐行，從起點出發，向這幾個目標行進：

- 目標一：穩定「情緒曲線」，提升整體的「幸福基準線」（第二章）
- 目標二：成為一個「自得其樂」的人（第三章）
- 目標三：獲得平衡而喜悅的「蓬勃人生」（第四章）

在全書結尾，我們會對這三個目標逐一梳理回望，看看自己經歷了全部旅程之後是否實現了願望，又實現到了甚麼程度。

15 分鐘的啟動儀式到此結束，如果你確實希望平衡地接近理想中的生活，那就留出更多空閒，像玩遊戲或鍛煉身體一樣，為「好心情之旅」投入時間和精力吧。

真正的訓練和挑戰就要開始啦。

梳理時刻

完成 15 分鐘的啟動儀式後，你可以在這裏寫下感想：

我的現實和預期距離遠嗎？

我生活中有哪些部分是極度不平衡的？

我生活中有哪些部分是我迫切想要改變的？

我是否滿意現狀？

如果不滿意，我是否有勇氣去挑戰並讓一切變得更好？

本章總結

啟動儀式

幫助你快速啟動，像玩遊戲一樣開始這趟並不輕鬆的旅程。

從零開始做一個開心的人

從身心、境遇、認知、價值四個維度出發，分析自己此刻的狀態和渴望達到的狀態，更加了解自己目前所處的位置。從當前的「起點」出發，去追求四個維度的成長。

最終摘得的「金盃」是甚麼

本書最終希望幫助你達成三個目標，讓我們一起期待這趟旅程的收穫吧。

Hello world hello world

我為我創造世界 勇敢又無邪

做自己的主宰

Hello world hello world

沒興趣畏懼等待 時光不重來

這天地太精彩

——《Hello World》

第二章 啟程

尊重自己的情緒，哪怕是低落的

這本書在很大程度上是寫給內心柔軟敏感、渴望找到方法好好應對情緒困擾，繼而更好地去生活的你我他；寫給每一個感覺自己在暗海中獨自前行，還沒有看到燈塔的人。希望這本書能給你這樣的感受：暗海並行，有微光。

那麼，是時候一起直面阻礙我們獲得「好心情」的直接因素了 —— 不開心。

在這一章裏，我們將看到自己負面情緒背後的心理機制、積極情緒的作用，以及該如何從一個消極沮喪的人逐漸變成積極樂觀的人，在現有基礎上借助情緒的力量改善生活。

一 致我們的消極情緒

樂觀、開朗、積極、主動，似乎是一種新的「政治正確」。

無論是明星藝人還是普通上班族，似乎只有隨時隨地都擁有「正能量」的人才有可能受歡迎，才能夠擁有美好的前程。

我相信此時此刻的你，一定希望每一天都能保持元氣滿滿的狀態，遠離沮喪，甚至會努力維持這樣一種表象。然而，真實的情況往往不盡如人意。

世界衛生組織 2017 年公佈的心理衛生調查報告顯示，

全球有超過 3 億名抑鬱症患者，而這一資料還有可能逐年升高。還有很多人常年受到焦慮、緊張等情緒狀態的困擾。從大資料上來看，心理問題對人類社會的影響已經逐漸超越了戰爭和自然災害。

任何一個正常人，無論敏感還是粗線條，都不可能持續保持着情緒高亢，都要經歷情緒的起伏，這是正常的情緒反應。只要你還活着，就必然會有情緒的波動。

可是，在鋪天蓋地的「正能量文化」面前，很多消極和憂鬱的情緒無處安放，很多人覺得不開心卻不知該如何抒發。而說過「生而為人，我很抱歉」的太宰治所寫的《人間失格》，在圖書銷售榜上常年位居前列。

截至 2017 年，中國有超過 5,400 萬人患有抑鬱症。與此相對的是，抑鬱症的識別率僅有 30%，就醫率不到 10%。更不要說，這個世界上還有一半的人生來就是內向敏感的性格，天生更容易受到情緒的困擾，更容易憂傷。

上述事實只是為了說明，你的憂傷並不孤單。它隱藏在每個人的內心深處，每個深夜失眠的房間裏，每趟人生旅途中無助而茫然的瞬間。

你的憂傷沒有錯。

作為一個真實的人類，你產生的所有情緒都是正常的。我們不宣導大家逃避或否認自己的消極情緒，要知道，當你把消極情緒當作敵人的時候，你距離「好心情」就更遠了。很多時候，令我們不開心的並不是消極情緒本身，而是我們對消極情緒的迴避。

這也是我最初研究「好心情」時遇到的最大困擾。我一直以為「好心情」就是一直很開心，結果每次情緒低落都並不是被壞情緒打敗，而是被「沒有成功獲得開心」的挫敗感擊倒。我們試圖用自我麻痹、否認、逃離等形式奮力地擺脫消極情緒，卻只會陷入更大的情緒困擾之中。

這並不是本書提倡的方法。

相反，你需要去正視情緒，尊重自己的感受。你需要簡單了解一下消極情緒 —— 它是怎麼產生的，原理是甚麼，問題一般出在哪裏……只有這樣，你才能找到與情緒相處的方法。

實際上，壞情緒本質上是無害的。我們離不開消極情緒，正是它讓我們不至於盲目樂觀至死。我們之所以苦惱於它，是因為在某些情況下，失控的糟糕情緒會傷害到自己和他人。我們需要尋求一定的方法去預防和減少傷害，我們需要對自己的行為和情緒負責。

正視消極情緒的存在，不要壓抑它、否認它，試着與自己各種類型的情緒相處，是獲得「好心情」非常重要的前提。

二 讓我們「持續開心」的到底是甚麼

短暫的好心情很容易獲得：一個踩在笑點上的段子，一首喜歡的歌，一部經典的電影，都能讓我們感受到瞬間的美妙，獲得短暫的快樂。

從生物學角度來看，一瞬間的外部刺激啟動了位於我們中腦腹側被蓋區的神經元，因此觸發了「愉悦迴路」（又稱「快樂中樞」），導致它開始分泌引發相關反應的神經傳遞質（比如多巴胺），讓我們產生了愉悅的感覺。[1]

（快樂中樞），讓我們快樂，也讓我們成癮。

但是愉悅刺激帶來的快樂無法持久。

多巴胺分泌之後我們只會渴望更多的多巴胺，進而需要不斷地刺激神經元，直到神經元逐漸變得麻木，需要多巴胺的劑量愈來愈大。這也是為甚麼「愉悅」和「成癮」往往會聯繫在一起。

當我們對一件事情上癮時，重複的刺激會導致愉悅迴路發生廣泛變化，甚至讓大腦發生持久的改變，對身體造成傷害。一旦上癮，愉悅會被抑制，慾望會佔上風，進而影響我們從其他體驗中獲得樂趣的途徑。刺激帶給我們的不再是「愉悅感」，我們變成了多巴胺的奴隸。

1 此段內容參考了大衛・林登著、覃薇薇譯《愉悅迴路》，中國人民大學出版社，2014 年。

如此看來，愉悅並不等同於持久的好心情。那麼，我們所渴望擁有的「持久的快樂」到底存不存在呢？

馬丁 · 塞利格曼在《真實的幸福》一書中提出過一個公式，解釋了持久的好心情是由哪些因素構成的：

幸福的持久度 =

50% 的幸福起始點 +10% 的環境 +40% 的可調整活動

大概的意思是：我們持久的好心情，是受三個因素影響的，其中「幸福起始點」是先天因素，後兩個因素則可以通過後天的行為改變。

而所謂的「幸福起始點」，也就是基因和早期經歷決定的性格傾向。

基因決定了我們是否天生容易感受到快樂，它佔據了幸福持久度的 50%。也就是說，有一半的人天生比較容易感到快樂，像是中了「好心情彩票」。

不過，即使天生幸運，後天的經歷和認知行為也有可能讓一切歸零。而出生時沒有中「好心情彩票」的人，也還有 50% 的機會通過後天的努力來獲得穩定的好心情。

佔 10% 的「環境」因素，指的是我們大多數人認為可以直接帶來幸福感的外在因素 —— 金錢、享樂、地位、身分等等。它確實可以影響我們的幸福指數，但它的持續能力非常有限。

現代社會中的一些人認為，外部環境是決定幸福的唯一因素 —— 好車好房子才能決定人的幸福，於是陷入了對物質無止境的追求中。

但研究顯示，環境的改變對持久幸福感的影響只有10%。人非常容易適應環境的改變，所以當我們擁有一件物品後，佔有的喜悅很容易轉瞬即逝，新鮮的渴望卻在持續增加。這也解釋了為甚麼很多人明明獲得了想要的卻不快樂，「家財萬貫卻不開心」。

佔 40% 的「可調整活動」，包括除了外部環境、先天基因之外，其他所有可控的、可以通過後天努力對幸福感產生提升效果的因素。它也是本書圍繞展開的主題，包括認知、規劃、情緒調節、對自我的認識以及對外部世界的心態等等。

這佔比 40% 的後天「可調整活動」，就是我們在「好心情之旅」全程中需要修煉和精進的。

所謂「好心情」是由很多因素決定的，諸如情緒、身體狀態、認知水準、行為實踐。很多時候你的不開心也許只是因為此刻的情緒波動，遭遇了現實困境，或是體內的神經傳遞質分泌、荷爾蒙水準變化…… 我們渴望獲得的「持久的快樂」，是這諸多因素綜合在一起而形成的穩定積極的心理狀態。

大多數時候這些因素會相互影響。比如我們終於獲得了一件渴望已久的東西時，卻並沒有獲得期待中的愉悅感。追究原因會發現，這也許是因為那段時間我們正在經歷一件倒楣的事（如身體不舒服），也許那樣東西的使用體驗沒有達到預期。

身體、大腦、環境，都在按照非常複雜的方式運轉，獲得好心情的過程並不是簡單的 1 + 1 = 2，而是極其複雜的。

如同第一章中的「靶心圖」（身心、境遇、認知、價值），為了建立「穩定的好心情」，針對佔比 40% 的「可調整活動」，我們接下來也會從四個維度展開論述。

第一個維度，先從情緒入手。

三 如何應對「不開心」

雖然痛苦傷心、憂慮傷身，但我們還是需要消極情緒的。

很多時候，消極情緒就像是我們腦中的保險裝置，它能讓我們時刻保持警惕，充滿戒備，可以條件反射般地躲避危險和災難。正是這種「保險裝置」讓我們從原始時代一直存活至今。

這種條件反射在動物身上體現得更加明顯。養過小貓小狗的朋友都會發現，牠們睡着時會因為輕微的響動醒來，很難像人一樣進入深度睡眠。相信很多主人都有過這樣的經歷：無論多晚，只要你起床吃東西，哪怕聲音再小動作再輕，那雙暗中觀察的小眼睛總會不請自來，盯住你手中的食物……很多時候，家中的寵物也會比人更早覺察到危險，新聞中也有很多動物在災難來臨前救了主人的事例。

一路進化而來，在現代社會，隨着安全水準的提升，我們不再需要面對那麼多突如其來的掠奪和災害了，可是我們的身體依然要求我們時刻保持警惕。於是，沒有用武之地的「保險裝置」開始向內部釋放能量。

它們條件反射般地專注於我們有可能面臨的危險，有時還會過分誇大，所以我們時常會感受到莫名其妙的焦慮、對未來的擔憂、對未知的恐懼，這些情緒影響着我們的神經傳遞質分泌以及激素水準，從而產生了對身心有傷害的情緒困擾。很多所謂的「現代病」也源於此 —— 過度的壓力、焦慮和腦疲勞。

讓我們先了解一下消極情緒是通過甚麼原理控制我們的大腦的。我們大腦中與消極情緒關係最密切的部分是位於邊緣系統的杏仁核。當我們遇到外部刺激或情緒波動，認為自己處於危險的狀態時，杏仁核就會被迅速啟動，令我們做出應對危險的反應。這是一種最快速的反應，能夠讓我們用直覺躲避危險。

這是保證我們存活至今的重要反應機制 —— 外部刺激啟動情緒，從而直接引發身體的迅速反應。它讓我們製造、調動出超常的爆發力，能從突然失控的汽車旁躲開，迅速閃避從樓上墜下的花盆。它不需要大腦思考、分析和指令，因此我們的動作才能足夠快，才能爭取到那一毫秒的寶貴時間。杏仁核的啟動過程是非理性的、迅速的、條件反射的。

而當我們沒有面臨具體的危險時，杏仁核依然能被啟動並產生劇烈的情緒。可能只是一件日常瑣事，我們卻會條件反射般地哭泣、咒罵、吵鬧甚至出手傷人。

幸運的是，除此之外，外部刺激在大腦中還有另外一條更慢的傳遞路線，它將刺激資訊傳遞到大腦皮層。與杏仁核被啟動後的反應不同，它促使我們進行理性思考，解決問題。

也就是說，當我們的頭腦遇到一個外部刺激，不管是現實事件還是心理事件，資訊都會通過兩條路線被傳遞到大腦的不同區域。第一條路線將資訊送入杏仁核進行情緒處理，第二條路線通往大腦皮層，開始理智分析，但是通往杏仁核的路線速度更快，所以在理性分析之前，杏仁核就已先開始了情緒處理。

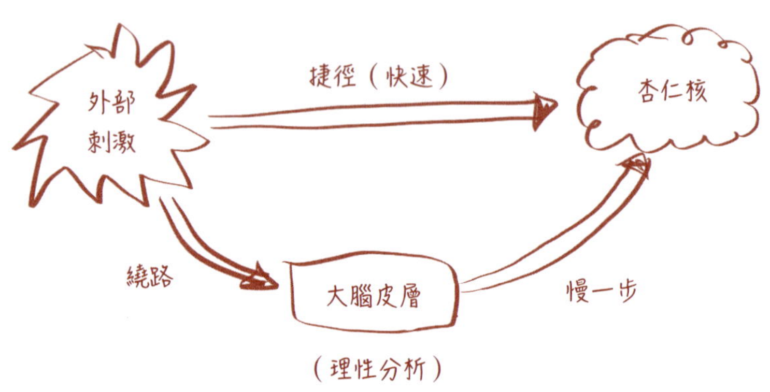

我們無法將這兩條路線粗暴地劃分為感性和理性，這樣很不嚴謹，但你可以暫時將之理解為：「感性的衝動」比「理性的解讀」更快、更早、更直接地控制了我們的大腦。

當杏仁核被啟動時，我們的情緒佔據主導地位，這會導致我們的身體做出一些直接的、條件反射般的反應。外部刺激使杏仁核過度活躍，讓我們精神敏感、容易激動、情緒劇烈變動。如果情緒化過於嚴重，則有可能失去控制，比如說出不該說的話或者做出不該做的事，對自己和身邊的人都造成傷害。俗話說「衝動是魔鬼」，這魔鬼大概就是過度活躍的杏仁核吧？

我們稱這種狀況為「杏仁核劫持」。

只有當杏仁核冷靜下來後，大腦皮層才會逐漸佔據主導地位。我們才會將注意力從情緒上轉移，開始冷靜思考、分析現狀，找到更妥善的解決辦法。

這就是消極情緒最常見的觸發機制。接下來，我們要對症下藥，找到不被情緒控制的辦法，把主導權收回自己手中。

通過「杏仁核劫持」的原理，我們明白，不被情緒控制的關鍵就是不要被啟動過度活躍的杏仁核控制。但是，被杏仁核控制是我們基本的身體反應，每個人都必然有情緒波動，我們沒辦法違背自己的身體機制。

所以即使很多人都在鼓勵我們學會「控制情緒」，我卻很不喜歡這種說法。我們沒辦法控制情緒，因為我們沒辦法控制自己的大腦條件反射。情緒一定會產生，這是不可控的。

舉一個很簡單的例子，當我說「不要去想一頭藍色的大象！不要去想一頭藍色的大象！」時，你此刻的腦袋裏是不是偏偏塞滿了藍色的大象呢？

情緒也一樣。我們對自己說：「不要焦慮！不要焦慮！」卻只會愈來愈焦慮。這個時候，不要忘記還有一條路線被堵住了——因為速度慢而還沒有開啟的「理智思考」。面對劇烈的情緒反應，我們要做的不是與之對抗，而是等待。需要讓「衝動的情緒」緩慢無害地紓解，等待落在後面的「清醒」和「冷靜」到達。

非常有趣的是，現實中充滿善意的朋友和親人往往喜歡在這個時候給我們講道理、灌雞湯：「你不要衝動！你不要難過！你要內心強大！這點兒挫折沒甚麼！情緒化解決不了問題！你不要這麼消極！要培養正能量！」而在杏仁核過度活躍的時候，這樣的話很容易火上澆油。被杏仁核控制的我們，很難做太複雜的事情，更加聽不進去甚麼大道理。因此適得其反，沒甚麼邏輯的大腦更衝動了：「我都這麼倒楣了，你還教訓我！」隨之引起激烈的矛盾和爭吵，讓好意相勸的親人朋友覺得「好心被當成驢肝肺」。

如果我們可以了解大腦和情緒的反應機制，這些矛盾都是能夠避免的。

那麼，當杏仁核過度活躍的時候我們該怎麼做呢？面對突如其來的情緒狀況，我們可以按照以下步驟來處理。

第一步，覺察到情緒，正視它的存在。

我們暫且把糟糕的情緒比作一頭大象，如果大象出現了，我們要做的不是壓抑牠或者試圖控制牠。

我們和情緒的關係就類似於象與騎象人[2]，你可以用蠻力控制一頭失控的大象嗎？不太可能 —— 我們沒辦法強行左右牠的方向，只能與之配合着前進。

我們要接受自己的情緒。就像受傷了會疼一樣，遇到不愉快的事情，我們自然會產生負面情緒。你要做的不是忽視這頭「大象」，而是發現和接受牠的存在 —— 意識到自己出現了情緒，然後正視牠，和牠打聲招呼。

第二步，不要被壞情緒左右了行為。

現在，你知道這頭「大象」在你頭腦中的存在了 —— 你覺察到了情緒。

同時，你也知道牠出現的原理 —— 情緒被杏仁核劫持了。

這時，你應該意識到，這只是你腦中發生的變化，並不是現實世界中發生的改變。你要讓現實中的自己和情緒保持距離，不要被過於激烈的情緒控制了行為。

第三步，轉移注意力，和情緒保持距離。

我們知道在杏仁核過度活躍的時候，大多數的行為和判斷都比較不理智。所以，如果不是面臨非常緊急的事情，我

2 這個比喻出自喬納森·海特所著的《象與騎象人》一書。在書中，作者將情緒比作一頭不受控制的大象，而理智則是具備駕馭能力的騎象人。

們首先需要停下來，先和壞情緒保持一段距離，讓杏仁核冷靜下來。最有效的方法就是轉移注意力。你可以玩遊戲、點外賣、看短片、打掃房間、打電話或者乾脆出門運動。

總之，讓注意力從令你情緒崩潰的事情上暫時轉移，有利於緩解杏仁核過度活躍的情況，讓理性思考逐漸佔據上風，幫助我們找到解決問題的辦法。

你可以在下面的表格中寫下「杏仁核劫持」時可以做的事情。這些事情也許只適用於你，只要能迅速讓你轉移注意力，令大腦冷靜下來就好。

分散注意力、讓杏仁核冷卻的事情：

例如：點外賣、玩電腦遊戲、出門跑步、跳舞、唱 K……

1.

2.

3.

4.

除此之外，深呼吸也可以讓人平靜。如果你已經在情緒爆炸的邊緣，那麼可以用「4-4-4-4」的「方塊呼吸法」來三次呼吸循環，阻止情緒炸彈瞬間引爆。

「方塊呼吸法」是指，吸氣時心中默數 4 下，再屏住呼吸默數 4 下，吐氣默數 4 下，最後再屏住呼吸默數 4 下。如此重複三次。

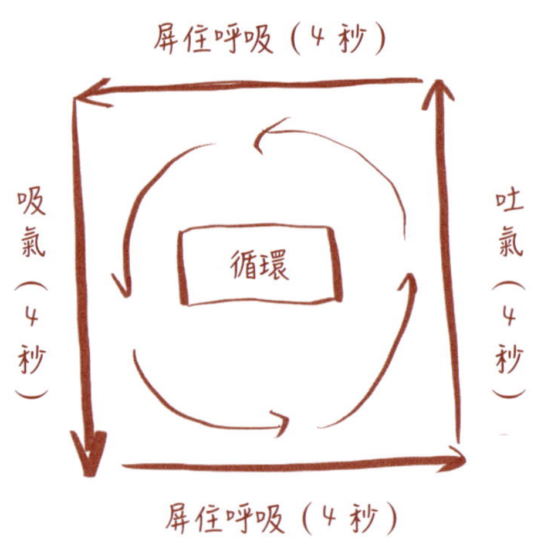

△ 方塊呼吸法

第四步，採用合理情緒療法，跳出思維的陷阱。

待我們從「杏仁核劫持」中走出來了，就可以冷靜地為自己進行一次「合理情緒治療」。這將幫助我們看清楚引發自己杏仁核過度活躍的「錯誤信念」和「偏執想法」，降低以後在這些情況下情緒失控的概率。

實際上，我們很多時候並不是真的遇到了特別糟糕的事情，而是對普通的事情進行了非常糟糕的解讀，才產生了不良情緒。

而且，愈是在抑鬱、焦慮等消極的情緒狀態下，我們愈容易對事情進行消極解讀，並且相信自己的解讀。

舉一個簡單的例子，你給一個朋友發資訊，但是對方沒有回覆你。你對這件事情可能會有如下幾種解讀：

- 他應該在忙事情吧？等他有時間了應該會回覆我的。
- 這個人好傲慢！不能和這種人做朋友！
- 他一定生我的氣了，我是甚麼時候惹到他了嗎？
- 他不喜歡我，我一直是個討人厭的人……
- 是不是誰在他那裏說了我的壞話？我又得罪誰了啊？

上述幾種解讀都有可能出現，不同的心境下會有不同的理解，不同的人也會有看待問題的不同方式，而正是這些解讀決定了我們的情緒狀態。

我們的性格、經歷、成長過程決定了我們面對同一件事情時會做出不同理解，而當時的情緒狀態、身體狀態也會影響我們的解讀。在這個時候，重要的不是追根溯源，弄清我們為甚麼要這樣理解，而是要很清楚地知道，我們對一件事情的理解並不見得是真實的，可能只是我們自己的想法而已。它不一定是真實發生的事實，或許只是一個心理事件。

大多數時候，我們的情緒是由心理事件引起的，不是由外部事實引發的。

這種情況下，我們需要和自己的大腦進行一次對話，看看是不是因為我們對事情的糟糕解讀導致了壞情緒的產生。對話的過程類似和自己的一次「心理辯論」，需要我們通過回答下面幾個問題來完成。

1. 剛才發生了甚麼事情？

例如：我給同事發短訊，但是他很久沒有回覆我。

2. 這件事引發了我怎樣的情緒？

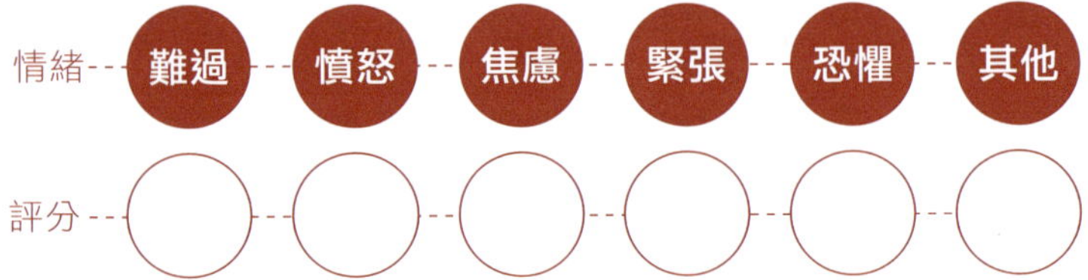

在 0—100 分的範圍內，為你的情緒強度評分。

· 0 分：完全沒有這種情緒

· 50 分：感受到了這種情緒

· 100 分：強烈地感受到了這種情緒並嚴重影響到了我的狀態

3. 我對發生的事情是如何理解和推測的？

例如：我是不是甚麼時候得罪他了？

4. 這個解釋有哪些地方不合理？

例如：我並沒有得罪他的真實證據，他也沒有對我表達過不滿。

5. 可以替換的解釋和預測方向是甚麼？

例如：他可能在忙，沒時間回覆我。即使我真的做了讓他不滿的事情也是可以溝通澄清的。

6. 我的新想法是正確的嗎？有證據證明它的正確性嗎？

例如：等他回覆後才能知道真正發生了甚麼。如果確實有誤會就去主動溝通，要是真誠的溝通都沒用，那就不是我的問題了，我也沒必要為此難過。

7. 我的新想法和預測得到印證了嗎？結局怎麼樣？

例如：他打電話過來說自己一直在開會沒看手機。我們也直接溝通了過去工作對接的問題，把一些可能產生誤會的地方一一解釋了。

8. 為我現在的情緒評分

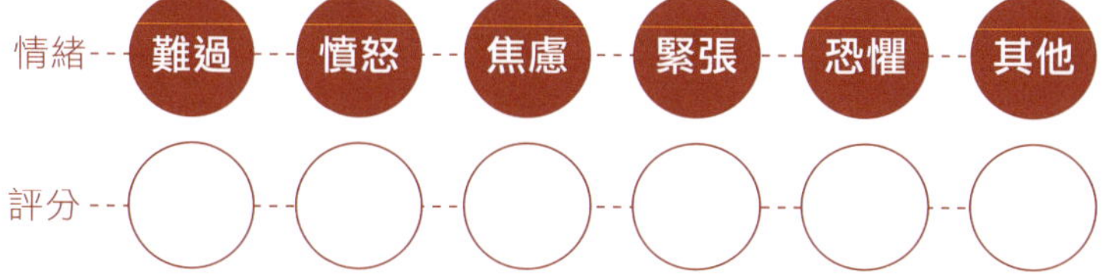

在 0—100 分的範圍內，為你的情緒強度評分。

- 0 分：完全沒有這種情緒
- 50 分：感受到了這種情緒
- 100 分：強烈地感受到了這種情緒並嚴重影響到了我的狀態

四 情緒是可以訓練的

如上所述，影響情緒的可能不是現實中真實發生的事情，而是我們內心對事情的解讀——只是一次「心理事件」。

為甚麼會有這些心理事件呢？之前也提到了，我們的頭腦讓我們時時容易充滿警惕，擁有「不安全感」是在原始社會中生存的必備技能。然而現在我們遇到的大多數事情都不構成生命威脅，腦中的錯誤信念卻依然使我們產生了很多不必要的「備戰情緒」，影響了我們的身體狀態和生活品質。

以下就是一些比較常見的錯誤信念，在進行上一節的「心理辯論」時，我們可以將自己對事情的解讀與此對照，以儘快識別我們腦中的「搗蛋鬼」，讓自己的情緒不被直覺左右。

我們要學會辨別常見的錯誤信念——

過分誇大：

- 我做得不完美，我的人生完蛋了
- 我一生就沒有遇見過一件好的事情

過度概括：

- 這次沒做好，以後我再也做不好了
- 這個人不喜歡我，世界上沒有人會喜歡我了
- 我失敗了，我再也不會成功了

非此即彼：

- 我要是不這麼做，就徹底完蛋了
- 我如果沒成功，就一無所有了

妄下結論：

- 他沒回我 whatsapp，一定是我哪裏得罪他了

「義務性」描述：

- 這件事必須這樣做（這是我應該做的。我不得不這麼做）
- 這是我的義務，我必須把它做好，否則就完蛋了

貼標籤：

- 我有這個缺點，我沒救了，註定是個失敗者

自責和責備別人：

- 事情發展到現在，一切都是我的問題，我真是個糟糕的人
- 都是你的錯，你是個不負責任的人
- 你傷害了所有人，除了你別人都是無辜的

絕對化：

- 這件事情絕對就是我說的這樣，你不要解釋了

- 完蛋了，絕對完蛋了

漠視積極面，信念消極：

- 未來沒有一點兒好起來的可能
- 生活毫無樂趣

情緒化推理：

- 感覺好生氣，我是個暴躁的渾蛋，再也不會有變好的那一天了

上述的錯誤信念，大多源自三個最重要的「核心信念」。

我沒有價值：

- 這件事情沒有做好，我沒做成過甚麼有價值的事情，我註定是個糟糕的人

我不值得被愛：

- 我不會獲得任何愛了，我不曾真正擁有愛，也不值得被愛

我不能犯錯：

- 我做得不好，我再也沒有機會了，我的人生完蛋了

這些錯誤的核心信念就像水面下巨大的冰山一樣，潛移默化地決定了我們的無數判斷、選擇和身心狀態，也在某種程度上決定着我們的命運。

而非常有趣的是，這些如此關鍵的信念可能都不是真實存在的，只是你通過過往經驗給自己設定的框架和慣性思維。

若想要訓練我們的情緒，最重要的就是能夠辨別上述錯誤信念，意識到那些影響我們的往往並不是真實發生的事情。

1

大腦的「自動導航」

訓練情緒，首先要從對情緒的覺察開始。

道理都懂了，但做起來卻不容易。因為大多數時候，即使知道要覺察自己的情緒，我們也總是覺察不到。

回憶一下我們狀態不好的日子：

我們躺在床上責備自己沒有意志力，明明還有好多事情沒有做，卻感到昏昏沉沉，既沒力氣起來做事，又焦慮得無法入睡，只好通過看短片和玩遊戲轉移注意力，試圖讓自己不再焦慮。這樣玩到凌晨才睡，第二天醒來渾身疲憊並更加自責。大腦被內疚和焦慮佔據，情緒低落，身體疲乏，進入了「甚麼都沒做卻累得要死」的惡性循環中。

在這種身心狀態下，腦內分泌的神經傳遞質會使你的情緒低落持續加劇並導致抑鬱。有一種說法是：長期久坐不動，等同於服用慢性致抑鬱藥。

很多人肯定也經歷過這樣的日常：每天都非常忙碌非常疲憊，瀏覽非常多的資訊，有空就玩社交媒體，生怕錯過甚麼消息。然而，回憶起來卻常常不記得看了甚麼或做了甚麼。

就這樣，我們看似甚麼都沒做，但實際上大腦一刻也沒有停下來過。不要小瞧大腦，腦部運動並不比肢體運動節省消耗，甚至很多時候，大腦對精力的消耗要更多。

無意識的腦內運動就像是汽車的「自動導航」—— 你希望駕駛一輛車到達目的地，結果這輛車在你沒有覺察的情況下開到了另外一個地方，油耗盡了，距離目的地也愈來愈遠。這種情況只能徒增焦慮，也是我們「甚麼都沒做卻累得要死」

時所體驗的狀態。

這種「自動導航」其實存在於每個人的頭腦中，而此類思維就帶來了那些未經我們覺察的情緒狀態。大腦會按照思維慣性和核心信念自動加工我們看到、遇到的一切事情。

一種對大腦進行訓練的方式就是「正念冥想」，它能夠讓我們逐漸掌握「覺察情緒」的能力。

……… 2 ………

正念冥想

大腦閒不下來，你不去注意它，它便會進入「自動化思維」。

而「正念」就是對意識的覺知，可以讓你意識到自己正在經歷的體驗，是個體有意識地把注意力維持在當前體驗上的一種自我調節的方式。

「正念」源於佛教的禪修。西方心理學家和醫學家將正念的概念和方法從佛教文化中提煉出來，去除其宗教成分，發展出了多種以正念為基礎的心理療法。

現實的焦慮會造成這樣的現象：我們做事情 A 的時候，腦子裏想着事情 B，結果兩件事情都沒辦法做好。就像同時聽兩首你非常喜歡的歌，再好聽也一定聽不下去。

但是現代生活的快節奏，導致我們習慣同時注意很多件事情，讓大腦安靜下來變成了非常難的事。這也是很多時候我們疲憊感的來源。如果不加注意地同時處理很多事情，不僅會增加你完成每一件任務的時間，還會增加出錯的概率。

正念便是針對這種情況提出的概念。

讓大腦從「自動導航模式」進入到「覺察模式」，覺察到自己在想甚麼，這樣才能將不必要的消耗減少，把注意力轉移到重要的事情上去，也不會輕易陷入情緒的漩渦。

當然，這並不是一件容易的事情，甚至比訓練你的肢體還要難一些。

訓練正念需要通過正念禪修、正念冥想。提到禪修、冥想，很多人會想到這樣的畫面：一位穿着袍子、看起來很神秘的「大師」，帶着一群修煉「身心靈」的學員盤腿打坐深呼吸。

有些人會對這種畫面有條件反射似的抵觸，覺得它有些「玄」。我最初對它的態度也是這樣的 —— 覺得它一點也不酷，而且不科學。

但其實禪修和冥想對大腦的影響是有科學依據的。經過科學研究證實，正念冥想能夠改變大腦反應機制，以及我們的情緒和身心狀態。它通過對注意力的訓練，讓我們從混亂的思緒中回到當下的現實裏，直視自己的處境、情緒和問題，覺察到自己的情緒狀態。正念冥想早已受到許多心理專家、藝術家、企業家的推崇，成為他們的習慣，並實實在在地改善了很多人的狀態和生活。

······· 3 ·······

如何開始正念冥想

正念冥想是為了改善我們注意力過度分散的狀態。所以，如果要開始正念，我們馬上可以做的就是：把注意力聚焦到呼吸上。

開始正念冥想最簡單的方式就是「數自己的呼吸」。不需要借助任何技巧和引導，只需要像睡前數綿羊一樣默默數着自己的呼吸。

呼氣 —— 1，吸氣 —— 2，呼氣 —— 3，吸氣 —— 4……以此類推。

不需要控制呼吸，次數也不用很多，如果能數到 100，你就已經完成了一次簡單且有效的正念訓練。

你可以感受一下，特別是在情緒衝動或者焦慮的情況下，如果能堅持數 100 下呼吸，你就能夠很明確地體會到身心的放鬆和情緒的紓緩了。

對於想要更全面地了解正念冥想的朋友，我推薦大家閱讀《正念禪修 —— 在喧囂的世界中獲取安寧》，你可以按照書中的步驟逐步訓練自己對情緒的覺察。

《正念禪修》一書附贈了冥想的語音引導，在互聯網和冥想類 App 上也可以找到這樣的語音引導。如果你想要時間更長的、功能性的正念冥想，可以借助書籍或專業人士的引導錄音來進行訓練。

······· 4 ·······

如何在正念冥想之後進行認知調節

將正念冥想融入心理治療的正念認知療法（Mindfulness-Based Cognitive Therapy 簡稱 MBCT）被認為是對緩解抑鬱狀態非常有效的情緒治療訓練方法。

它的原理是通過正念來提升訓練者的覺察能力，使其能夠及時覺察自己的感受和想法；之後針對自己的感受和想法，使用之前我們介紹過的情緒應對方法，重新理解自己的感受。通過正念冥想和針對情緒的認知技巧，正念認知療法試圖培養一種溫和而不帶評判色彩的對自己的理解和接納。

希望系統了解正念認知療法並自我訓練的讀者，推薦你閱讀《八週正念之旅 —— 擺脱抑鬱與情緒壓力》。

正念認知療法針對不同情緒狀態提供了不同的調節方法。

當你通過正念呼吸讓情緒平復，並意識到自己當下的情緒狀態之後，可以根據下面的提示，針對不同的情緒狀態進行自我調節[3]。

針對抑鬱

要迴避讓你痛苦的情境，把注意力集中到不令人痛苦的方面。

用嚴肅的態度請求那些讓你痛苦的人改變行為方式。和那些過於悲觀或完美主義的想法進行心理辯論，讓自己活躍一些，更擅長於尋求社會支援。

針對焦慮

要挑戰那些杞人憂天的想法，實地進入令你害怕的情境以鍛煉勇氣，並運用之前提到的應對技巧減輕焦慮。

針對憤怒

要迴避讓你生氣的情境，把注意力集中到不讓你討厭的方面。用嚴肅的態度請求那些惹你生氣的人改變行為方式。自己也要學會退讓一步，嘗試換位思考。

3　以下內容參考了《八週正念之旅 —— 擺脱抑鬱與情緒壓力》中的相關知識。

5

尊重自己的情緒，對自己的情緒負責

只要是人類，就難免會陷入情緒化的狀態，這非常正常，我們都需要尊重自己的情緒。

當然，如果你很清楚自己正處於不好的情緒狀態，除了需要獲得身邊人的理解外，也同樣需要自己付出努力，對自己的情緒負責。人們對「情緒化」的人常常抱有偏見，這很多時候與處於情緒漩渦中的人放棄自省、一味索取他人的支持和關注有關。

而當我們了解了情緒原理並學會了覺察自己的情緒之後，我們也會懂得如何在不與情緒對抗的同時，不被情緒控制。不被消極情緒控制和傷害，除了尋求周遭的理解，也需要我們自身的努力。

如果有太多激烈的情緒出現，需要發泄，一個很好的紓解方式就是寫日記。

以打字或手寫的方式把這些情緒記錄下來，如果有條件也可以把自己想説的話錄下來，這樣既能避免遷怒於不相關的人，也方便我們使用前文提到的「合理情緒療法」，在冷靜之後對自己進行復盤和治療。

如果沒控制住情緒，向身邊的人發泄了，一定要在情緒平復後道歉。講清楚自己的情緒狀態，尋求理解和原諒。

當然，道歉並不一定能夠獲得諒解，因為彌補成本非常高。成年人都需要對自己的行為負責，誰也不希望一個情緒崩潰的人莫名其妙地衝着自己説難聽的話，再親近的人也沒有義務承擔別人的任性。

當你產生失控情緒之後，可以按照下面的範本來記錄當時的情緒變化，以這種方式來緩解杏仁核的過度活躍。這個範本也附在電子版「好心情測試本」中供你多次記錄。

日期：

發生了甚麼事情：

我的感受是甚麼：

產生了甚麼情緒：

該用怎樣的方式紓解：

五 目標一：穩定情緒曲線，提升幸福基準線

1 情緒曲線

情緒的波動是人類的日常，心情曲線總會有高峰和低谷，每個人都會經歷高亢和低落，但不管怎樣，情緒曲線都會圍繞着一條基準線上下起伏。

從五大人格[4]的角度看，在人格傾向中「神經質性」得分

4 五大人格包括開放性、責任心、外傾性、宜人性、神經質性五種特質，可以涵蓋人格描述的所有方面。

較高的人，也就是我們日常所説的天性敏感的人，圍繞着基準線，情緒曲線的波動會比較大。

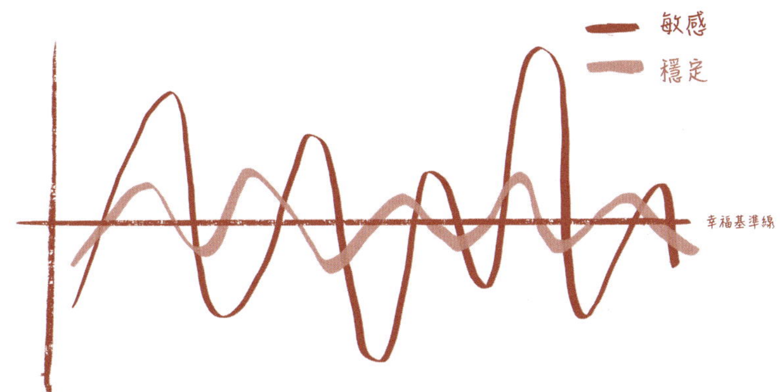

情緒敏感與穩定的人情緒波動曲線對比

這些人因為擁有更多的天賦和感受能力，更適合從事創意、表演、藝術類工作，但有些時候，過大的情緒波動也容易使他們陷入情緒困擾，進入不健康的情緒狀態中。

如上圖所示，情緒無論是高亢還是低落，都會圍繞着一條基準線波動。我們稱這條準線為「幸福基準線」。

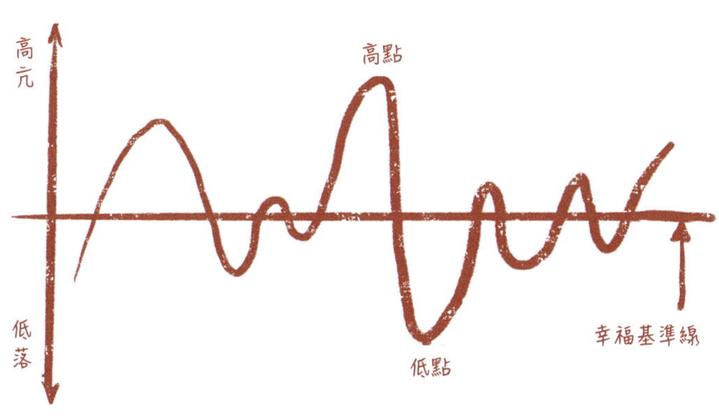

幸福基準線

······· 2 ·······

幸福基準線

有很多因素決定了這條基準線的水準。前文提到過，我們的幸福指數大約有 50% 取決於基因。有人生下來就擁有比其他人更多的快樂，他們的基準線更高。天性樂觀的人因為基準線比較高，所以即便是低落的情緒，有時也會高過憂鬱之人的高漲情緒，這也解釋了為甚麼樂觀的人比較不容易陷入情緒的困擾。

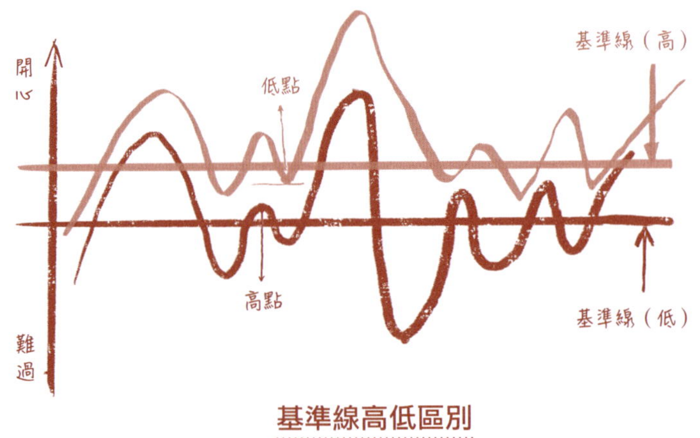

基準線高低區別

想要獲得持久的好心情，很重要的一件事就是「提升幸福基準線」。

基準線提升以後，即使情緒低落，也不會低到對自己造成傷害的程度。更高的幸福基準線，也會讓我們更容易體驗到快樂和精神飽滿的狀態，身心更積極，也因此更容易獲得生活滿意度和幸福感。

我們已經知道，可以通過對情緒的覺察和調整，不讓情緒波動影響到我們的生活。我們可以通過 40% 的後天可調整活動，讓自己的幸福基準線獲得提升。

研究證明，人腦的思維定式是可以重塑的。也就是說，即使我們先天不是容易感受到快樂的人，後天的思維訓練和行為訓練依然有辦法讓我們建立穩定的積極心態。

我作為一個先天幸福基準線非常低、敏感脆弱的文藝創作者，經過學習和實踐心理學知識，很明顯地感受到了自己基準線的提高，以及情緒劇烈起伏次數的減少。

這並沒有讓我成為一個麻木的人，而是讓我更準確地覺察到了自己情緒的變化，更好地與自己的情緒相處。敏感和憂鬱依然存在，依然是重要的創作源泉，只是它們變得無害了。

更加了解自己的情緒之後，也就會更清楚該如何覺察和關注自己的敏感，將這部分性格作為優勢運用到生活中，同時也更懂得該如何在情緒脆弱的時候接納與安撫自己，如何用科學的方式去建立一種穩定而專注的狀態，這對工作、對生活都很有幫助。

這也是本書追求的第一個目標：**穩定情緒曲線，提升幸福基準線**。

即使基因決定了一些事情，但我們最終能夠成為一個怎樣的人，還是可以由自己的行為和選擇説了算的。

請試着用下面的方式來粗略記錄一下自己的日常情緒狀態，畫出一條你在這一階段的情緒曲線，用這種方式找到你所處的位置。

每天中午和臨睡前，回顧一下在這個「半天」中你所經歷的情緒感受。當你體會到下表中的情緒，就請在該情緒的選項上做標記，最後算一下得分。

我來做一個示範。

日期：2025 年 9 月 28 日 — 9 月 30 日

中午

加分項（+1）	第一天	第二天	第三天
我特別愉快	☑	☑	☐
我非常專注	☑	☑	☐
我發自內心地笑	☐	☑	☐
我感受到愛與關心	☐	☐	☐
我喜歡自己的生活	☑	☑	☐
共計得分	3	4	0

減分項（-1）	第一天	第二天	第三天
我非常疲憊	☐	☐	☑
我有些焦慮	☑	☐	☐
我感受到壓力	☐	☐	☑
我情緒非常低落	☐	☐	☐
生活沒有有趣的事	☐	☐	☐
共計得分	-1	0	-2

	第一天	第二天	第三天
總分	2	4	-2

臨睡前

加分項（+1）	第一天	第二天	第三天
我特別愉快	☐	☑	☐
我非常專注	☐	☑	☐
我發自內心地笑	☑	☑	☐
我感受到愛與關心	☑	☐	☑
我喜歡自己的生活	☐	☐	☐
共計得分	2	3	1

減分項（-1）	第一天	第二天	第三天
我非常疲憊	☑	☐	☑
我有些焦慮	☑	☐	☐
我感受到壓力	☑	☐	☐
我情緒非常低落	☐	☐	☐
生活沒有有趣的事	☐	☐	☐
共計得分	-3	0	-1

	第一天	第二天	第三天
總分	-1	3	0

為避免步驟繁複，我在這裏簡化了記錄的內容和次數。

其實，不同時間段的情緒狀態往往不同，大家對情緒的記憶也容易有誤差。每天記錄多次、延長記錄時間會讓資料更有參考價值。你可以像我一樣，分別在中午和晚上睡前記錄，每天兩次。一旦掌握了這個方法，我建議你每隔一段時間就記錄一下自己的情緒，以方便了解自己的狀態。

這種極簡的計分方式只是幫助你大概測試一下你在一小段時間裏的情緒狀態，並不是嚴謹的、有醫學參考價值的計分，但它能夠幫助你接近自己當下的狀態，覺察到自己此刻的變化。

記錄完之後，把你的得分標注在下面的坐標軸中，堅持三天，將它們連接成「情緒曲線」，然後大概取中段位置畫出一條直線 —— 這就是你當前的情緒水平線，我們暫且稱之為「短時幸福基準線」。

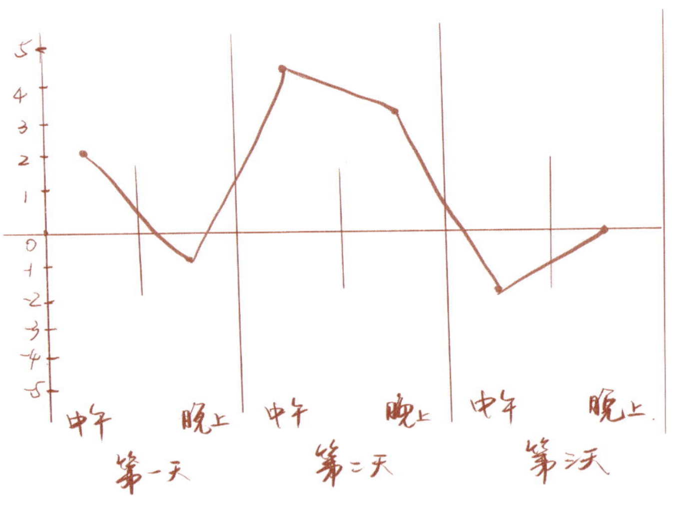

例：我的填寫

三天的記錄之後，我們可以回憶一下，哪些事情引發了好的情緒？哪些狀況引發了壞的情緒？讓那些製造積極情緒的事情多發生，並盡量避免那些會引發消極情緒的事情。

至於「長時幸福基準線」，則和我們的生活滿意度相關。

下面是一份簡單的生活滿意度問卷，你可以在這裏做完

它，把分數記錄下來，這就是你目前對生活的幸福感知指數。

在閱讀完全書之後，你可以重新標記自己三天的情緒曲線，並再做一遍生活滿意度問卷，驗證一下自己是否通過旅程獲得了成長。

生活滿意度問卷：幸福基準線得分

分數說明

0 分：非常不同意｜1 分：不同意｜2 分：不確定｜3 分：同意｜4 分：非常同意

1. 我對我的生活非常滿意	0	1	2	3	4
2. 我感到非常幸福	0	1	2	3	4
3. 我擁有了我想要的生活	0	1	2	3	4
4. 我感到非常快樂	0	1	2	3	4
5. 我對自己非常自信	0	1	2	3	4
6. 我對未來充滿信心	0	1	2	3	4
7. 我一點都不想改變我的現狀	0	1	2	3	4
8. 我能夠專注、高效地做事情	0	1	2	3	4
9. 我的生活充滿了意義和成就感	0	1	2	3	4
10. 我身心都非常健康	0	1	2	3	4

將各項分數加在一起。我此刻的幸福基準線得分是 ＿＿＿＿＿＿。

以上幾個圖表都將在電子版測試本中再次出現，供你讀完本書後再做測試，驗證自己的改變。

重要提醒

對閱讀到這一頁的你來說，很重要的一件事就是，千萬不要被「追求開心」的目標綁架，被「沒有成功獲得開心」的沮喪包圍。不要被「迫切想要獲得好心情」的念頭影響了心情。

我們所希望的是成為一個開心的人，但這不是一件一蹴而就的事情，人本身就容易有很多情緒起落。

要看到自己正在一點一滴地變好，也要清楚自己並不可能一下子成為一個情緒高漲的人。要允許自己不完美，允許一切狀態上的「不好」存在。

我們要訓練的是對所有狀態（無論好壞）的覺察能力，正視它們的存在，更好地在生活中應對它們。不要被它們控制，也不要試圖控制它們。這很重要。

本章總結

致我們的消極情緒

分析消極情緒的原理和存在意義，試着去理解消極情緒，與之共處，而非通過逃避和壓抑導致情緒失控或身心傷害。

讓我們「持續開心」的到底是甚麼

了解「持久的好心情」由哪些重要因素組成，這些因素中又有哪些是可以通過後天的努力去改變的。了解那些可以幫助我們增加愉悅感、建立好心情的因素。

如何應對「不開心」

面對突如其來的消極情緒，該使用哪些有效的方法應對？那些用於自助的心理學干預手段該如何應用於我們的生活？

情緒是可以訓練的

介紹了一種心智上的健身方式 —— 正念冥想。通過日常的訓練，可以培養對自己情緒和思維的覺察能力，獲得應對情緒的更好方法，減少巨大的情緒波動對生活的衝擊和傷害。

目標一：穩定情緒曲線，提升幸福基準線

本書的第一個目標：穩定情緒曲線，提升幸福基準線。通過對自己情緒的記錄，來區分生活中那些會影響我們建立積極狀態的事情；通過畫出情緒曲線、完成生活滿意度問卷，了解自己此刻的「幸福基準線」。

世間萬物在生長　山海徜徉

周邊人群皆沉默　你想歌唱

若有惡人掀浪　而你孤舟獨槳

無須失望　暗海並行有微光

每一秒　都是變換的千金一刻

前方有萬種灑脫　歡慶生活

不停滯於無謂曲折

黑夜中　遠空有星辰為你閃爍

命運有不速之客　你神色自若

隨他吧其奈你何

——歌詞摘自《一萬種灑脫》

第三章 途中

了解自己是最重要的事

㊀ 一小時自我了解

重新認識你選擇的角色。

在遊戲的初始我們都會選擇角色：他擅長遠距離攻擊還是近身肉搏？擅長「魔攻」還是「物攻」？有哪些大招？會哪些絕殺？又有哪些硬傷？

現實其實也一樣。雖然我們面對的是自己，但是大多數人都遠遠沒有自己想像的那麼了解自身現狀。

你擅長甚麼？渴望甚麼？哪些事情能讓你真正開心？你如何做出了選擇，並一步步變成今天的自己？

你身邊擁有哪些可以協助你實現願望的條件？有哪些只需要很小的勇氣就可以修復的關係和遺憾？而你為甚麼又沒有行動？

當你能夠試着真正去了解自己，發掘自己的潛能和資源，找到熱愛並培養相應的技能，你就會突然發現自己似乎獲得了新生。

那種感覺就像是：原來我也擁有重新選擇角色的機會！

所以，就讓我們對這個遊戲角色——你自己，進行全新的認識與了解吧！

1

了解你的「優勢」

了解你的優勢非常重要，這就等於找到了你的武器；看到你的弱點也很重要，你可以更清楚地知道該如何自我調適、做出必要的防禦。當我們把力量集中用到優勢部分，可以更快速地看到成效；至於劣勢的部分，則可以降低預期，更好地自我接納並減輕挫敗感。

打個比方，假如你是一名運動員，當你清楚地知道練習 110 米跨欄能讓你迅速超越很多人，而練習舉重則沒有甚麼優勢時，你自然會更懂得該如何做出選擇：如果你天性追求卓越，那一定會毫不猶豫地去練習跨欄；同時，你知道舉重不能迅速給你帶來榮譽與成就感，如果確實喜歡，也可以放低要求，先把它當作一個興趣愛好來對待。這些了解有利於你更好地做出選擇，找到適合自己的興趣、熱愛和方向。

實際上，每個人都是某個領域的專家。你可能對星座很有研究，可能在做工作簡報時比同事的思路更清晰，也許你很擅長安裝路由器，或是對你家附近超級好吃的餐廳如數家珍。

要知道，我們所擁有的「優勢」不一定能換來諾貝爾獎，但一定可以在某個微小的層面提升我們和身邊人的生活品質。它也許會在不經意間為你贏來一個工作機會或一段美好的關係，也有可能在一些關鍵時刻決定你的人生選擇。

同時，每個對你來説微小卻有效的優勢，只有通過真正的行動上的積累，才有可能發展成擁有重大創造力的日常。或許在愛迪生發明電燈前的數百次失敗中，身邊的人只覺得他是個喜歡做手工的瘋子，但這幾百次行動的積累，卻改變了人類文明的走向。

了解自己的優勢，對於追求卓越和隨性而為的人來說，都是保持好心情的辦法。

該怎樣去了解「自己」這個角色的優勢呢？

這裏給大家推薦積極心理學經典的 VIA（Values in Action 行為價值觀）測試——「24 種人格力量問卷」。

你可以前往以下網站[5]進行測試：

http://goodmood.pro.viasurvey.org

馬丁・塞利格曼《真實的幸福》一書中也有類似的測試。

答完問卷後，請把你的前五個優勢寫下來，並對每一個優勢所對應的興趣做出分析，比如我的：

優勢	感興趣的事
學習能力	音樂訓練、寫作訓練、知識和能力的拓展
判斷力	學習過程中的思辨和對知識的構架
好奇心	擴展視野、體驗更多的生活經歷
欣賞美與卓越	審美能力的擴展與提升
創意	將審美和認知轉化為創意和創作

然後安靜下來，對 VIA 問卷以及有關「優勢」的分析，做出梳理總結：

5　這是作者自己設計的網頁。

① 我的前五個優勢，哪些可以和我現在的學習或工作更好地結合？

創意、喜愛學習、欣賞美與卓越。

② 以首要優勢為基礎，思考我最期待成為一個怎樣的人。

通過對新鮮事物的學習和了解，對技能的熟練掌握，成為一個綜合能力穩定的創作者。

③ 如何在現實中使用或訓練我的優勢？

將學習變成習慣，把我對世界的好奇、欣賞轉化成創意和作品，保證對等的「輸入」和「輸出」。

④ 還有哪些人格優勢是目前對我來說最薄弱的？

統率和團隊精神是我最欠缺的。在與人合作的部分，我的能力還比較薄弱。我會暫時避免選擇以這些優勢為主要需求的工作，也會慢慢挑戰自己的薄弱，不讓自己的欠缺影響工作、社交和生活。

① 我的前五個優勢，哪些可以和我現在的學習或工作更好地結合？

② 以首要優勢為基礎，思考我最期待成為一個怎樣的人。

③ 如何在現實中使用或訓練我的優勢？

④ 還有哪些人格優勢是目前對我來說最薄弱的？

重要提醒

優勢是會發生變化的

人是會持續成長和蛻變的，環境和工作、生活的變化也會讓你發掘出不同的潛能。優勢是會發生階段性變化的，定期重新測試一下自己的優勢，針對當下的環境去改變自己的策略，才能讓優勢更好地在現實中發揮作用。

只有把優勢變成能力，它才算是真實存在的優勢

只有把優勢變成習慣，把習慣變成你的一技之長，你的優勢才能真正發揮出它的效果。如果你的優勢只是問卷中的一個答案，沒有演化成現實中切實的能力，那無論它有多強大，也都只是一個幻覺。

……… 2 ………

了解你的「價值觀」

人與人是不同的，最容易引發衝突的一個因素就是：我們渴望別人與自己相同。大多數人傾向於先糾正別人，後反思自己。

沒有兩片完全相同的葉子，世界的有趣和豐富也源於各不相同的人事物，就像羅素曾說的：「參差多態乃幸福本源。」與其要求別人和自己「三觀一致」，不如盡可能探索自己多樣的可能性，找到自己的獨特性。在我看來，只要不害己、不害人，任何觀點和個人選擇都是被允許的。比盲目要求別人更重要的是持續了解自己的價值觀。

「價值觀」乍聽起來是個距離現實生活非常遙遠的詞，嚴肅到讓人敬而遠之，加上「三觀」一詞被過度濫用，很多人看到它都會條件反射般地排斥。我有一段時間也是這樣，會覺得：「我只想開心而已，並不想研究甚麼三觀，太沉重了！」但實際上，價值觀是和你的生活密不可分的東西，它幾乎默默地決定了你的一切選擇、行為和好惡。

生活中我們做大多數事情時，都沒辦法像打遊戲一樣非常及時地收到回饋、看到效果。通常愈重要的事情愈困難，回報也愈不明顯，堅持也變得愈難。

這個時候能夠促使我們堅持下去的就是做事的動機，是一種對結果的信念 —— 相信這件事情會在未來的某一天給予我們好的回饋。即使沒有達到預期，過程中的收穫也是我們真心享受的。

價值觀決定了我們願意去堅持哪些事情，不願意去堅持哪些事情。它讓我們更堅定。

研究價值觀，也是在向內挖掘你的核心信念。前文中，我們提到潛意識裏的「核心信念」常常決定了我們對事情的解讀和對資訊的處理。所以，了解自己的價值觀、核心信念，才能更了解自己做事的出發點和原始動機。

我們的行為只是水面之上的冰山一角，決定我們行為的「觀念」則是水面之下龐大的冰山 —— 強大的個人信念和邏輯。即使你是個極其感性的人，大腦和身體依然會按照嚴密的自有邏輯運行。我們很多直覺上的判斷和選擇，都取決於內心深處的核心動機。這些核心動機和信念通過大腦和身體的自動加工，決定了我們的行為。

有很多天才的喜劇大師，台上非常搞笑，現實中卻是極度憂鬱的人，因為他們的核心動機是：「開心太難了，太重要了，我需要投入全部的精力去製造快樂。」也正是這種異於常人的強烈動機，使他們不知疲憊地探索和創造着歡樂，因此獲得了卓越的成就。

而對於很多先天樂觀的人來說，「開心」這件事就像空氣一樣隨處可得，他們不會挖空心思去研究開心的原理和歡樂的製造方式，自然也很難在這個領域投入持久的專注與熱情。

也就是說，我們很多表面上的行為和選擇，其實都源於我們內在的價值和需求。如果我們能對自己更了解一些，對自己的價值取向把握得更準確一些，那就像在玩遊戲時更了解角色的「大招」與絕技，會讓我們在現實挑戰中更清楚做哪些選擇容易開心，同時避免在那些可能嚴重傷害我們的人和事情上做太多投入。

這裏為大家介紹「羅克奇價值觀調查表」[6]。羅克奇價值觀調查表將價值分為兩大類：

終極性價值觀，指你最希望實現的狀態或目標，比如舒適、安全、自由、幸福、內心和諧；**工具性價值觀**，指你期待實現目標的方式和手段，比如自律、責任、勇氣。

請將第 76 頁表中的價值按照你心中的重要程度重新排序，將最重要的排在第一位，依次排列，最不重要的排在末尾。

羅克奇價值觀排序在不同的人群中有很大的差異。職業喜好類似的人往往擁有相似的價值觀，曾有研究比較了公司經營者、工會成員和社區工作者的價值觀排序，結果表明三者之間存在顯著差異：

經營者		工會成員		社區工作者	
終極性價值觀	工具性價值觀	終極性價值觀	工具性價值觀	終極性價值觀	工具性價值觀
① 自尊	① 正直	① 家庭安全	① 負責	① 平等	① 正直
② 家庭安全	② 負責	② 自由	② 正直	② 和平的世界	② 助人為樂
③ 自由	③ 能幹	③ 快樂	③ 勇氣	③ 家庭安全	③ 勇敢
④ 成就感	④ 雄心勃勃	④ 自尊	④ 獨立	④ 自尊	④ 負責
⑤ 快樂	⑤ 獨立	⑤ 成熟的愛	⑤ 能幹	⑤ 自由	⑤ 能幹

為甚麼價值觀很重要？

因為它直接決定了你能否在一件事情上長期投入與堅持。

價值觀就是我們的導航系統，它不是一成不變的，我們

6 羅克奇價值觀調查表（Rokeach Values Survey）是一種國際上廣泛使用的價值觀問卷。它的核心理論是，各種價值觀是按一定的邏輯意義聯結在一起的，它們按一定的結構層次或重要程度而存在。

得時常檢查一下自己正身處哪裏，想要去向哪裏。如果你喜歡原地打轉，那就愉悦地原地打轉，不要一邊焦慮地原地打轉，一邊羨慕別人去了遠方。如果不斷地模仿別人，遵從別人的標準，就只能看着別人的「導航」，過自己不擅長也不熱愛的人生。

終極性價值觀（你最希望實現的目標）	**工具性價值觀（通過甚麼來實現目標）**
舒適的生活（富足的生活）	雄心勃勃（辛勤工作、奮發向上）
振奮的生活（刺激、積極的生活）	心胸開闊（開放）
成就感（持續的貢獻）	能幹（有能力、有效率）
和平的世界（沒有衝突和戰爭）	歡樂（輕鬆愉快）
美麗的世界（藝術和自然的美）	清潔（衛生、整潔）
平等（兄弟情誼、機會均等）	勇敢（堅持自己的信仰）
家庭安全（照顧自己所愛的人）	寬容（諒解他人）
自由（獨立、自主的選擇）	助人為樂（為他人的福利工作）
幸福（滿足）	正直（真摯、誠實）
內在和諧（沒有內心衝突）	富於想像（大膽、有創造性）
成熟的愛（性和精神上的親密）	獨立（自力更生、自給自足）
國家的安全（免遭攻擊）	智慧（有知識、善思考）
快樂（愉悦、休閒的生活）	符合邏輯（理性的）
拯救靈魂（救世的、永恆的生活）	博愛（溫情、溫柔的）
自尊（自重）	順從（有責任感、尊重的）
社會承認（尊重、讚賞）	禮貌（有禮的、性情好）
真摯的友誼（親密關係）	負責（可靠的）
睿智（對生活有成熟的理解）	自我控制（自律的、約束的）

終極性價值觀（你最希望實現的目標）	工具性價值觀（通過甚麼來實現目標）

當然，像倉鼠一樣不斷在圓盤裏奔跑也是一種生活方式，大多數人的工作和日常都在經歷着這種單調的重複。我只是希望看了這本書的你，能試着從圓盤上下來，嘗試些更有趣的選擇。

梳理時刻

· 我的前五個終極性價值觀是甚麼？

· 我的前五個工具性價值觀是甚麼？

· 哪些事情會最大限度激發我的積極性？

· 按照我對自己的了解，從我的價值觀排序裏可否總結出我的「初心」是甚麼？我的「原始動力」是甚麼？

· 我打算如何將上述價值觀融入我的生活？

延伸閱讀

我的價值觀梳理

隨着境遇的變化，自己的成長，旅程的展開，我們總會不斷地變化、革新，產生新的喜好，擁有新的定位。為了搞清楚此刻的定位，我常常會追問自己一些關鍵問題：

- 你想要過怎樣的生活？
- 哪些事情能令你由衷地開心？
- 哪些事情是真正對你重要的？

同樣，我也會比較自己之前整理的價值觀來審視初心，讓自己不要無意識地偏離航道，做一些違背意願的事情。

總體而言，目前我對生活有這樣幾個終極追求：**快樂，美，愛，自由，存在感。**

快樂：保留每一次經歷中開心的記憶，淡忘不開心的。

美：盡量在視野範圍內捕捉美好的景象，多讓符合自己審美的事物出現在視線裏。

愛：人與人之間對彼此感受的尊重與在乎。

自由：有自由選擇的權利，也有承擔後果的能力。

存在感：被看到，被需要，被在意。

這裏分享一首我的歌《篤信》，它描述了我想像中「有清晰價值觀」的生活狀態。

狂風吹不散　巨浪中沉穩之舵
人多難免偏頗　願好你本真原則
借我一星火　守護那泰然自若
閒人偏愛揣測　神靈自明鑒清濁
你別說　我懂得　你我皆凡人　世間起落
求不得　萬全之策
無畏的舍　換清醒自得
不在乎太多得到的歡暢和失去的落寞
我知我喜樂　縱情跋涉　有我應得結果
不想要太多浮誇的生活和盲從的飛蛾
我有我選擇　有人懂得
何須全世界認可

喧囂中沉默　懷疑中精誠細作
我示人以明澈　也可以斬妖除魔
莫浪費口舌　糾纏於錯覺不捨
安住心口溫熱　得道者志同道合
你別說　我懂得　你我皆凡人　世間起落
欲亂處　迷途太多
撕裂的捨　換清醒自得

不在乎太多得到的歡暢和失去的落寞
我知我喜樂　縱情跋涉自有我應得結果
不想要太多浮誇的生活和盲從的飛蛾
我有我選擇　有你懂得
何須全世界認可

啊　是誰在呼喊　是誰在召喚
而你在哪裏

不在乎太多得到的歡暢和失去的落寞
我知我喜樂　縱情跋涉　自有我應得結果
不想要太多浮誇的生活和盲從的飛蛾
我有我選擇　有你懂得
何須全世界認可
借我一星火　守護那泰然自若
人多難免偏頗　我有我自在瀟脫

3

找到你的「最低安全閾值」

實際上，大多數生活中的慌亂感都來自「沒有安全感」的恐懼。上一章中我們講到，對周遭充滿警惕是動物的本能，這樣才能在危機四伏的自然環境中生存下來，這種本能在我們身上延續至今。了解了這個原理，可以減少莫名的恐懼和災難性思維，從而有效減少消極情緒，但現實中的「不安全」並不是簡單的思維轉變就可以改善的，它直接關係到我們生活的方方面面，關係到我們的人生走向。

大多數人無法活在絕對的從容之中，關於未來的未知和不確定始終影響着每個人的生活狀態。

那麼，那些面對未知和風險依然可以從容篤定、自在生活的人是如何獲得行動的勇氣的呢？他們的安全感來自哪裏？

有一個方法，可以幫助我們變得更從容，那就是找到你自己的「最低安全閾值」。

「閾值」是一個臨界值，對每個人來說，都有一個大概的最低標準值，在此之上能夠保證生存，在此之下則面臨生存的風險。

對於不同的人而言，「生存」的標準也不同，這與成長環境、價值觀、性格和思維方式都有關係。

有很多盲目焦慮的人從未考慮過自己的「最低閾值」，就像被恐懼支配的小鹿，在衣食無憂的環境裏也活得不滿而緊張。有些人將閾值定得過高，即使有很高的收入和資產也始終在惴惴不安中度日。有些人的閾值來自社會給予的統一標準，比如「有車有房」，可能會為了達到這個閾值付出一生的時間和精力，放棄其他追求，目標卻最終都無法實現。當然，也有一些啃老族，生來就擁有了很低的安全閾值，終日宅在家享樂、混吃等死。

如何定義自己的「最低安全閾值」，直接決定了一個人的心態、狀態和生活追求。

前文中關於「價值觀」的思考，使我們重新審視了自己的價值取向。我們可以在此基礎上，去描述一下自己的「最低安全閾值」。回答下面的問題，可以幫助你找到自己的安全閾值，建立一個「風險防空洞」。這個「防空洞」是你挫敗時可以保全生命的安全地帶，也是勇士出征的大本營、大後方。為自己建立一個可以協調內心與現實的風險防空洞，就可以踏實地展開無畏的旅程了。

① 如果突逢變故、遭遇破產，你的最低物質需求是甚麼？

② 你現在是否已具備所需？沒有的話還需要在哪些地方努力？

③ 能夠讓你從零開始，重新找到機會的能力和優勢有哪些？

④ 你的身體狀況能否應對新的機會和挑戰？有沒有為重大的風險預備保障？

⑤ 有哪些可以為你提供幫助的外部支援和資源？

⑥ 如果想過上那種能做熱愛之事、擁有自由選擇權利的生活，你還需要哪些具體的現實保障？這些保障都是必需的嗎？

根據自己的現狀逐一回答上述問題，你可以更清楚地看到自己已有的東西、欠缺的東西，也能為自己建立切實的安全感和「後方陣地」。

了解和確立「最低安全閾值」，最大的好處就是可以讓自己不再陷入盲目的焦慮和緊張中。它會使人變得更有勇氣。

當我面對一件事情卻不敢去做的時候，我常常會問自己一句話：「這樣做最壞的結果是甚麼？」如果結果是可以承受的，如果失敗不至於讓自己徹底倒下，那就可以試着去做。

行走於人世間，再謹慎都始終會遇到風險。你當然可以為了避免風險只做重複而熟悉的事情，只要臨終時回望一生不要感到遺憾就好。否則，就為自己確立一個合理的安全閾值，然後跳出現實的束縛去闖一闖。

不要讓自己的一生活得像一隻在圓盤上瘋狂奔跑的小倉鼠，多做一些選擇，勇敢嘗試。每一次主動選擇的道路上都有值得留念的好風景，這比始終在原地奔波有趣多了。

4
通過「生活棋盤」尋找重點

我們的終極目標是創造一種豐茂的、有穩定喜悅的幸福生活，但豐茂的人生要顧及太多方面，在精力有限、工作忙碌的現狀下，最好的方式是先朝一個具體方向展開行動。我們不可能一下子鏟掉整座大山，但當一處邊角開始鬆動，聯動的力量就會慢慢讓整座大山崩塌。所以，就讓我們從山腳開始行動吧。「生活棋盤」就可以幫助我們尋找這個「邊角」。棋盤中，每個方格代表一個生活的領域。現在，請在每個大格子裏，用幾個關鍵字列出你認為這個領域中最重要、最有意義的事物，你想要獲得的目標，你最想做的事。如果這個格子和你並不相關，沒關係，先空着不填；如果在填寫過程中遇到了障礙，先跳過去，等想好後再填。部分格子甚至所有格子裏都可以出現同樣的詞。

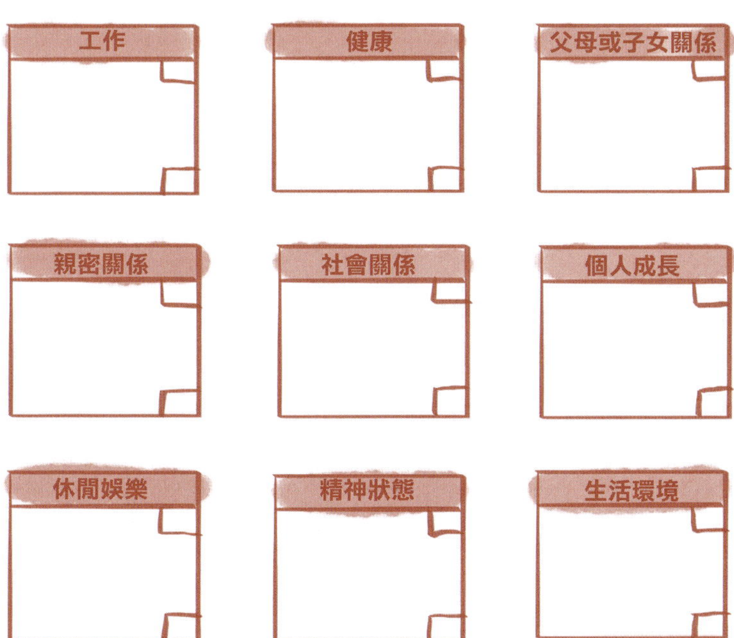

接下來，在每個大格子右上角的小格子裏，用 0 — 10 之間的一個數字來表示這個領域在你生命中的重要程度（0 表示完全不重要，10 表示非常重要）。

最後，在每個大格子右下角的小格子裏，用 0 — 10 之間的一個數字來表示你遵照格子裏價值方向生活的程度（0 表示一點也沒有，10 表示完全遵照了）。

現在仔細看看你填寫的內容，它會告訴你：你生活中最重要的是甚麼，你正在忽視甚麼。

梳理時刻

關於生活羅盤，請你在這裏寫下梳理總結：

▶ **我生活中最重要的是甚麼？**

▶ **我現在正在忽視的是甚麼？**

二 目標二：成為一個「自得其樂」的人

甚麼是「自得其樂」的人

獲得好心情很重要的一點是，不要把自己的標準建立在別人的評價之上。我們需要建立自己獨有的喜好和審美，擁有自己真正感興趣的，並能夠熟練掌握的技能。

在《心流》一書中，米哈里．契克森米哈賴將這種性格稱為「自得其樂的性格」，它的特點是：

- 有目標和方向感
- 能找到足夠的樂趣和精神能量
- 在出現問題時可對周遭的環境做客觀的分析與觀察，並從中找到新的行動方案
- 比較有彈性，不易碎
- 比較容易集中精神
- 不過分「自我中心」

擁有自得其樂性格的人，可以最大限度地在平淡中尋找樂趣。他們很善於把平淡的日常轉變成對自己有意義的挑戰和遊戲，同時，也很善於在不如意的客觀條件下找到辦法，把被動的難題轉變成可以控制的主動行為。

這是我們需要通過積極情緒去建立的一種性格狀態，也是本書追求的第二個目標。

我們大多數的不開心，都是由於過分在意別人的感受。比如以下幾種想法，都是從別人的感受出發進行思考的：

- 我使用價格超出了自己承受範圍的奢侈品，並不是因為它使用起來舒服，而是因為它會讓別人羨慕，從而讓我獲得更多尊重
- 我想減肥，我想變美，因為別人說我太醜
- 我要過上讓別人嫉妒的人生
- 我要成功，要讓瞧不起我的人都對我刮目相看

實際上，上述所有的想法，都有它們正向的推動力，都在某種意義上引導了我們成為更好的人，但正如一句名言所

說：「人的一切痛苦，本質上都是對自己無能的憤怒」，上述那些想法的落腳點，大多數都是我們即使加倍努力也無法控制的因素。這也是為甚麼那些想法會令我們不開心：奢侈品可以買到，但能不能換來別人的尊重，我們卻無法控制；減肥可以成功，但能不能讓那些曾說你醜的人稱讚你，我們無法控制；成就可以獲得，但能不能因此讓討厭你的人對你刮目相看，我們同樣無法控制。別人的感受是我們無法左右的，以此為目標去追逐，最終只會感到無能為力和失落。

我本人就是一個很好的案例。作為一個新聞學專業出身的音樂人，我進入大眾視野的時候並沒有足夠專業的音樂素養。很多人罵我的作品業餘、簡單，我為了取悅這些人開始排斥最初的自己，花費了很多時間去嘗試複雜的東西。後來，我發現，依然還是這些人，開始說我晦澀難懂。

這時我才明白，我被「別人的感受」左右了。我不僅丟了最珍貴的特質，還忽視了由衷欣賞我的人。

取悅別人很難得償所願，不喜歡你的人很難由衷地欣賞你，而喜歡你的人則不需要費力取悅，他們天然地期待與你一起變得更好。

實際上，過分關注別人的看法，從另一個角度來講，就是過分地自我關注。我們誤認為別人時刻都在關注、評價着我們，因此才會將他人的評價當作決定自己行動的標準。然而，別人並沒有時刻都在關注我們，別人的評價也並不能左右我們的生活和樂趣。樂趣的獲得需要從自己的標準出發，建立自己的喜好，而非以別人的評價和目光為準。

我寫過一首歌，恰好描述了這種「自得其樂」的性格狀態，歌名是《未來俱樂部》。

隨意吧儘管評說　這世界不屬於圍觀者
我願意拼死搶奪　不把它讓給我鄙視的傢伙
怕甚麼就做甚麼　衝出局限是最高道德
我用我信仰原則　挑戰潛藏的規則

歡笑吧　釋放吧　失敗是個笑話
盡情高興吧　放縱吧
隨時意氣風發　獨自聲勢浩大

出發吧　奔跑吧　悲喜一念之差
生命中喜悅多麼難得
不要妨礙我自得其樂

就讓我自由選擇　我願意自己承擔後果
經得過赴湯蹈火　才會懂得欣賞那波瀾壯闊
不安者見風使舵　磊落者不怕夜長夢多
悠然時閒雲野鶴　無畏時螳臂當車

歡笑吧　釋放吧　失敗是個笑話
盡情高興吧　放縱吧
隨時意氣風發　獨自聲勢浩大

出發吧　奔跑吧　悲喜一念之差
生命中喜悅多麼難得
不要妨礙我自得其樂

······· 2 ·······

成為自己：成為自得其樂的人

曾有一位工作夥伴給我留下了很深刻的印象。他非常專業，執行能力很強，對於很多事情的處理方式都讓我由衷地感到佩服。在收工之後，我很開心地向他道謝：「這次太棒了，辛苦啦，相信我們都會愈來愈好的。」

「真的羨慕你，還會對未來有所期待，我已經對未來沒甚麼期待了。我不相信自己會更好，做出再多努力都沒甚麼用，生活始終是這個樣子，沒辦法改變。」他低着頭説。

那時候我還很年輕，一時間不知道該怎麼回應，只是條件反射地説：「你別這麼講呀。」

他抬起頭，意味深長地看着我説：「總有一天你會懂。」

在這個抑鬱狀態愈來愈普遍的時代，自得其樂的性格太重要了。抑鬱來自乏味和麻木，而當下日常的娛樂太容易獲得，這使得我們很容易就失去了被娛樂刺激的興奮，又沒有太多機會和時間去嘗試新鮮的刺激，久而久之，生活中的乏味和無聊便時常衝擊着我們。

現在的我已不再是當年未經世事的樣子了。我的生活經歷了很多起伏，重複的日常也給心靈帶來了疲憊與衝擊。有些時候事情陷入膠着，也常常會有龐大的無力感。

有時想起那個人，我也不禁會想：那「總有一天」是否到來了？然而始終沒有，「已經對未來沒甚麼期待」的瞬間一直沒有出現過。

不管現實中面臨着怎樣的問題，我始終能從困境中找到行動的出口。如果一件事情搞不定，總有那麼多其他的事情可以點亮我的愉悅、重燃我腦中的火焰。如果所做的事情很困難，只需要回望初心，回想自己最初選擇這件事時的愉悅和無畏，找回當時的感覺和力量，讓自己的心再大一點、皮實一點。

這就是培養「自得其樂」性格的方法 —— 樹立切實可行的目標，隨時總結收穫，熱衷於解決問題，在克服逆境和享受順境的過程中都能體驗到愉悅。

這些事情、這些行動，是我們之前在探討目標、價值觀的過程中積累的行動錦囊。在迷茫的時候，它們是工具，是通道，是暗海裏的光，會在孤單無力時讓我們看清楚方向。

能夠建立這樣的性格，就能夠獲得我們渴望擁有的「穩定的快樂」。

讓我們在不斷的訓練和認知重建的過程中，變成一個以「追求樂趣」為動機做事的人，從很多別人認為枯燥的事情裏發現快樂。

三 定期回望自己

實現目標的關鍵就是要用「適合的方法」，以「愉悅的狀態」做「擅長的事情」。

「適合的方法」關乎我們的價值觀。

「擅長的事情」關乎我們的優勢。

「愉悅的狀態」則是指我們自得其樂的性格。

當然，人的認知一定會隨着經歷、學識和眼界發生變化，擅長與優勢也都可以自主培養與塑造。所以，我們需要定期回頭審視一下自己。如果你的生活頻繁發生變動，你的性格、認知也一定會隨着環境發生巨大的變化。沒有人是一成不變的。就像旅途中的人一樣，我們要隨時拿出指南針，不斷明確自己的位置和目的地。

下面這份問卷，就是要幫助你更清楚地了解自己的位置，只有這樣才能腳踏實地地出發。

正在回看過去的你 ——

1 是否正在生活中發揮着自己的優勢？

2 是在踐行還是違背了自己的價值觀？

3 是否改變了初心？

4 是否有了認知上的巨大改變？

5 是否體驗了更豐富的生活？

生活中大多數的選擇皆有利弊，很難取捨，最好的判斷依據就是對自己的了解。建立好心情的關鍵就是盡可能了解自己，然後「尊重自己的感受」。

我們的快樂不需要向任何人證明，只要自己的內心能夠真正感受到，那就是真實的快樂。

所以我們需要通過分析自己的優勢、梳理自己的價值觀，來試圖弄清楚「到底哪些事情是真正能讓我們獲得幸福的」。

重要提醒

先學會尊重自己，才有可能真正懂得尊重別人。

先讓自己情緒穩定、能量充足，才有能力善待他人。在自身難保的情況下，大多數人對別人的善意都帶有一定程度的企圖心。所以，尊重自己並不是自私，而是讓自己有能力尊重他人的前提。

擁有真實自尊的人，才是有力量的人。

下面這首歌是我以程式設計語言中的「Hello World」代碼為靈感而寫的。

我想將這首《Hello World》送給每一個在日新月異的世界裏不斷自我更新、重啟、面向未知的未來勇敢啟程的人。

如獲新生　自由自在
未綻放的堅持由自己青睞
廣闊世界　等我來縱橫四海
不卑不亢　不搖不擺
不在乎那些沒來由的指摘
我有我存在　揮汗如雨之中看到
未來中的未來　踏着舞步到來

Hello world hello world
我為我創造世界　勇敢又無邪

做自己的主宰
Hello world hello world
沒興趣畏懼等待　時光不重來
這天地太精彩

本章總結

一小時自我了解

了解你的「優勢」：通過優勢問卷找到你擅長的方式和工具，多讓自己在擅長的領域嘗試突破，為困頓的現狀提供新的方向和可能性。

了解你的「價值觀」：定期審視自己的價值取向，有利於我們堅持熱愛、克服困境、從重複的日常中尋找源源不斷的動力。

找到你的「最低安全閾值」：像建立防空洞一樣建立一個能給予你內心最基本保障的安全基地，在面臨糟糕狀況時有足夠的內在能量支撐，不至於無法存活。

通過「生活棋盤」尋找重點：梳理對於當前的自己來說最重要的生活面向，按照重要程度逐步實現想要的生活。

目標二：成為一個「自得其樂」的人

在自我找尋的道路上，自得其樂的性格可以為我們提供會帶來愉悅感的處事態度，讓我們以更輕鬆的心態面對挑戰。

定期回望自己

通過自我梳理，你可以用合適的方法，以充滿愉悅感的心態去做自己擅長的事情。記錄當下的狀態，定期回看，明確地用自己的方法成為自己，而不是用別人的方法成為別人。

歡笑吧　釋放吧　失敗是個笑話

盡情高興吧　放縱吧

隨時意氣風發　獨自聲勢浩大

出發吧　奔跑吧　悲喜一念之差生命中喜悅

多麼難得

不要妨礙我自得其樂

——歌詞摘自《未來俱樂部》

第四章

繼續獲得穩定好心情的六個法寶

在互聯網上，想要快樂太容易了：看片、玩遊戲、點外賣、聽歌…… 既然暫時的快樂這麼容易獲取，那我們是不是只需要持續刺激多巴胺的分泌就可以了？

對快樂產生耐受性

為了能夠在各種嚴酷的環境裏生存下來，我們的身體擁有了超強的適應能力。它能夠適應各種外部環境的改變和刺激，比如寒冷、炎熱、黑暗、骯髒、飢餓，把這些原本不習慣的刺激逐漸變成習慣。

但是，就像我們會對藥物產生「耐受性」一樣，我們也會非常容易習慣快樂。大多數人都知道，我們不能沒有節制地服用消炎類藥物，並不是因為這類藥物資源稀缺，而是如果我們日常服用，產生了耐受性，當大病到來時，它們對我們的身體就失去了藥效，我們也失去了被治癒的重要機會。

快樂同理。

單純的享樂主義者讓自己沉浸在各式各樣的娛樂刺激中，但他們獲得持久的快樂了嗎？並沒有。他們只會覺得遊戲愈來愈不好玩，笑話愈來愈不好笑，身體愈來愈差，低落的情緒甚至更猛烈地襲來了……

爸爸媽媽有時會分享一些我很多年前看過的，覺得不再好笑的笑話，並為之捧腹大笑，只是因為他們的網齡比我短，沒有對這些笑話產生耐受性。

財富與幸福的臨界點

類似的例子還有一個。我很喜歡一首網路歌曲《我的滑板鞋》，第一次聽的時候被莫名打動，甚至濕了眼眶。它的作者龐麥郎是一個小鎮青年，因為買到了一雙自己夢寐以求的滑板鞋，興奮地寫了這首歌，那種因為一雙鞋而獲得的幸福感通過作品滿溢出來，直接傳遞給了聽眾。我為此深受觸動，因為我已經很難通過購買一雙喜歡的鞋而獲得這樣巨大的快樂了。

心理學上將這種現象稱為「享樂適應」，又稱「享樂主義腳踏車」。理論認為我們都能迅速習慣周圍環境的改變，比如，你會為得到一台新相機興奮一陣子，但很快你就會對它視而不見。這種感覺就像是在蹬腳踏車的踏板，愉悅感被推到頂點後，不久就又會降至原點。很多購物狂瘋狂消費，也只是為了不斷體驗剛剛擁有物品時的愉悅感，而獲得物品後不久，它們帶來的快樂就消失了，很多東西甚至不曾使用就被忘掉了。

那麼，物質真的就無法帶來長久的快樂嗎？

努力奮鬥反而會距離充滿幸福感的生活愈來愈遠？

有一個關於財富與幸福的研究，它的結論被稱為「伊斯特林悖論」，也叫「幸福悖論」：財富與幸福的關係存在一個臨界點，過了這個臨界點，收入的增多就不能明顯地促進幸福感增強了；而在這個點之下，收入增加可以持續地給人帶來快樂。

這也證明了，人並不是愈富有就愈幸福。要想幸福，我們在掙夠生活必需的費用後，可以把剩餘精力傾注在掙錢之外的目標上，最好有些精神追求。

它也回答了之前的那個問題：金錢的確能夠換來安全感和幸福感。

如果你的物質水準在臨界點之下，那你通過努力賺錢一定能換來幸福感，但一旦超過了臨界點，你就要去尋找其他的支撐。不然，金錢會反噬快樂，那些說自己不快樂的有錢人並不少見。

對我來說，金錢的意義只是帶來安全感，讓我的生活足夠舒適。然而也有很多人渴望金錢是為了獲得權力、被他人仰視或者進入上流階層，但這裏有一個悖論：金錢、名氣確實能夠換來特權，但特權也會讓人喪失一定的自由。

鮑勃．迪倫的歌曲《Like a Rolling Stone》（《像一塊滾石》）中有一句歌詞我非常喜歡：When you got nothing, you got nothing to lose（當你一無所有，你也沒有甚麼好失去）。

既然娛樂刺激不能帶來持久的快樂，我們又很難一下子達到財富與幸福關係中的臨界點，那麼在現有的狀態下，該如何建立持久的好心情呢？下面就來介紹一些相關的方法。

一 提升「積極率」

大多數人都是渴望開心的。

但是，社交媒體過度宣揚的成功學和「正能量」，使得一些人對正向的情緒狀態有些反感。在某種程度上，積極情緒也受到了誤解。科學證明，積極情緒有益於身心健康，能夠讓人感覺良好，更好地發揮優勢，也更有創造力。實際上，我們追求幸福就是在追求積極情緒。

芭芭拉．弗雷德里克森在《積極情緒的力量》一書中總結出了十種最常見的積極情緒，分別是：感激、寧靜、興趣、希望、自豪、逗趣、激勵、敬佩和愛。有趣的是，「快感」並不在她所列出的積極情緒清單中。她認為快感更接近於消極情緒，因為對快感的追求容易讓我們盲目滿足眼前的生理需求，從而上癮，被自己的渴望裹挾。而積極情緒能更好地調動我們的身體和心理機能，持續向我們回饋好的感受和體驗。

但是每個人的情緒都是不斷波動的，都會有消極或者積極的情緒狀態。芭芭拉在書中指出，根據科學研究，能夠長期被積極情緒驅動，從而過上更好生活的人，積極情緒和消極情緒的比例大概是 3：1。

因此，提高積極情緒的佔比，即提升我們的「積極率」，是當下我們的一個重要目的。

提升積極率最直接的方式就是增加自己對生活中積極部分的關注。我們身邊並不缺少有趣、正能量、有營養的事情，但因為我們消極的核心信念以及天性中對危險的警惕，很少會去關注它們。

伴隨正念冥想以及對錯誤信念的覺察和挑戰，我們可以通過下面兩種方法逐漸提升自己對生活中積極、有能量的事情的關注度，提升我們的積極率。

下面是一些快速建立積極情緒的方法：

使用正負能量轉化器

負面情緒垃圾桶	**正面情緒蓄電池**
我很笨	我能夠看到自己的不足
我不善溝通	我善於傾聽

將經常出現在你腦中的負面結論填寫在「負面情緒垃圾桶」裏，然後換一種視角，尋找這個結論的積極解讀，將它填寫在「正面情緒蓄電池」裏。

記錄能量日記

日期：2025 年 12 月 24 日

狀態評分（是否有強烈的愉悅感）

-5　-4　-3　-2　-1　0　1　2　(3)　4　5

沮喪　平靜　愉悅

能量評分（是否感受到充滿能量）

-5　-4　-3　-2　-1　0　1　(2)　3　4　5

無精打采　正常　充滿能量

高光時刻：跳了《舞力全開》，神清氣爽

情緒低谷：中午看了一篇關於疫情的特稿，哭了，難過

記錄自己每天生活中重要的事情、高光時刻、情緒低谷，去給這些事情評分（分為正分和負分），確定這些事情對自己的影響。

這樣記錄一段時間，我們就會清楚怎樣安排生活能夠有效提升「積極率」，讓我們的狀態更加「欣欣向榮」。

能量日記並不需要太複雜，每天記錄一至三個關鍵事件、情緒的高點和低點就可以。這樣，我們可以把消耗精力、擾亂心境的事情適度減少，把高光時刻以及讓自己狀態變好的事情整理出來，在我們狀態不佳的時候用來調整狀態。

每天記錄三件好事

日期：2025 年 12 月 24 日

今天發生的三件好事： ① 第一次嘗試直播講課
② 翻唱了很喜歡的歌
③ 發現晚霞很美

每天睡前記錄一下當天發生的三件好事，只需要幾分鐘，就可以積累下生活中的美妙時刻。積累美好的感受像儲錢一樣，久而久之，你對生活的認知和態度就會轉變，內心愉悅的財富也會愈積愈多。

二 建立你的滋養清單

狀態不佳時，有以下兩種對策可以快速幫你恢復。

1

不要等自己狀態好了再做事

一旦進入抑鬱的狀態，人是極度缺乏行動能力的，做甚麼事情都打不起精神來，但如果一味地放任自己，等待時機，那麼你可能永遠也等不到狀態好起來的時候。你只會愈休息愈累，陷入無止境的疲憊和消沉中。

正確的處理方式是，隨意去做一件雖然現在沒興致但曾經令你很開心的事情，比如出門逛街、健身、看電影、吃頓好飯或者約朋友聊天。即使一開始你因為缺乏活力而不太舒服，但最終你會發現在這一過程中，疲憊和抑鬱逐漸消失了。我們狀態不佳時，往往會預設有些行為不可能令我們快樂，比如社交焦慮症患者會默認社交令人痛苦，抑鬱的人也會認為出門看電影是一件消耗能量的事情。正是因為這些思維的預設，我們才會一圈一圈逐漸沉淪，徹底被情緒的黑洞吞噬。

因此，請忽略一切預設與擔憂，直接行動，去做一些不一樣的事情。出門走走、做運動、與喜歡的朋友聯絡都是迅速建立積極狀態的好辦法。

在做事的過程中，你的狀態就會慢慢發生改變。行動之後記住好的感受，淡忘不適和焦慮，漸漸就不會對這些行為產生消極的預判了，你也會因此發現更多「可以迅速改變消極狀態」的行動。行動是激發活力、消除疲憊的最好辦法。

先動起來再說。

······· 2 ·······

為自己建立一份滋養清單

當你陷入低落的情緒，感到疲憊的時候，你需要找出那些你不假思索就會展開行動的事情。之前我們記錄過每天的美好瞬間和快樂經歷，現在你可以把其中最令自己快樂的事情放到這份「滋養清單」裏。

被列入滋養清單的事情，需要具備以下幾個特點：

首先，這件事基於健康的喜好而不是慾望。基於慾望的事確實能令人愉悅，但容易上癮，最終會讓人陷入一種更難治癒的糟糕狀態中。製作食物、鑒賞美食，都是健康的喜好，但如果僅僅是追求吃東西的快感，暴飲暴食，那就會造成身心的不健康。

其次，這件事可以沒有短期回報，但一定會有長期收穫。比如整理房間、健身鍛煉、完成任務清單上的待辦事項，在開始做這些事情時，你也許會覺得有些無聊，但整潔的房間、健康的身體和清空的任務列表，會帶給你持續的收穫和成就感。

第三，這件事的難度不能太大。它是讓我們從糟糕情緒裏走出來的契機，而不是行路上的障礙。我們不能把一件比克服我們正在面臨的困難更難的事情放到滋養清單裏，這會讓你對清單更加抵觸。當然，狀態不好也分為很多情況，有時是過度疲勞需要放鬆，有時是長期無所事事感到空虛，為了應對不同的情境，我將滋養清單分成了四個類別：

娛樂型清單

單純釋放壓力、緩解情緒、分散注意力時使用的清單，也是使用起來難度最小的清單。

興趣型清單

與我們的興趣有關，在帶給我們愉悦的同時又能提升我們技能的清單。

成就型清單

包括一些簡單易完成的任務。有些時候，當一件事情難以繼續下去，調節情緒最好的方法就是去完成其他事情，也就是所謂的「以毒攻毒」。很多時候，完成任務的成就感比娛樂刺激更能改善我們的心情。

營養型清單

它有關習慣的養成，是門檻最高的清單。在情緒不佳的時候，如果能夠完成這份清單上的事情，就不僅能收穫成就感，還可以養成好的習慣，改善我們的生活狀態。

以下是我的滋養清單範例，你也可以在附贈的電子版「好心情測試本」中寫下自己的清單。

1 娛樂型清單

- 看劇，看片
- 做美食、料理，榨果蔬汁
- 遊戲
- 購物
- 好朋友出去玩
- 短途旅行
- 小睡
- 擼狗

……

3 成就型清單

- 完成日程表上的瑣事（都是可以一口氣完成好幾件的小事）
-15 分鐘整理書桌
-15 分鐘自我梳理
-15 分鐘完成重要的工作、創作
-15 分鐘知識積累、閱讀
-15 分鐘高強度間歇訓練，調節身體狀態

……

2 興趣型清單

- 練字
- 練習繪畫
- 訓練口才、演講
- 練歌
- 研究穿搭
- 研究其他感興趣的事情

……

4 營養型清單

- 每週健身 3 — 4 次
- 正念冥想
- 每天固定寫作
- 定期整理物品
- 定期閱讀
- 定期社交
- 寫感恩日記：每天記錄 3 件值得感恩的事情
- 寫勇氣日記：每週記錄自己的突破

……

同時，為了降低難度，我也會盡量創造條件，讓清單上的事情變得簡單易執行，比如為一些日常的「滋養行為」做如下準備：

運動：備好成套的運動鞋和運動服，以及固定的訓練課程、運動計劃和運動設備。

練字：在陽台的小角落準備好紙和筆，疲倦時隨時可以開始寫，不需臨時尋找用具。

練歌：準備好一個固定的練歌場所，隨時可以開始唱。

榨果蔬汁：備好蘋果、黃瓜、養樂多、一個水果去核器、一個輕便榨汁機，保證 5 鐘內就可以喝到果蔬汁。

正念冥想：提高自我覺察能力，一旦狀態游離（大腦進入「自動導模式」）或者開始焦慮，做何事情都不能靜心時，就馬上開啟正念冥想。

或許會有讀者覺得做這些事太浪費時間，對於這種心態，一個很好的解決辦法就是計算一下自己一天之中各項活動的時間花費，比如看看我們浪費在社交媒體上的時間有多長。這樣，當我們在做清單上的事情時，就不會因為覺得時間不夠而焦慮，無法沉浸於當下了。

延伸閱讀

積極心理學之父、美國心理學會前主席馬丁・塞利格曼曾提到過能幫助職場人緩解抑鬱的五個積極心理習慣：

① 寫一封郵件，表揚一個你認識的人
② 寫下三件你覺得感激的事
③ 花 2 分鐘記錄一段積極的經歷
④ 做 30 分鐘帶氧運動
⑤ 冥想 2 分鐘

哈佛大學的「幸福課」也提供了「幸福雞尾酒」，它由四種成分組成：

① 每週 4 次，每次半小時的鍛煉
② 每週六 6—7 次，每次至少 15 分鐘的意念鍛煉（冥想）
③ 每天 8 個小時的睡眠
④ 每天 12 個以上的擁抱（抱人，抱寵物，抱枕頭，抱自己）

三 自我「放縱」一下

大衛・林登在《愉悅迴路》一書中寫到，愉悅和成癮是必然聯繫在一起的。所以創造快樂時，既需要結合自己的需求，也要適可而止，合理放縱。

我們最終追求的是一種舒適的狀態 —— 從容應對大起大落，在不確定中保持穩定。

那麼，我們應該如何調節慾望，獲得穩定持久的開心呢？

在我看來，這依然存在一個臨界點 —— 我們的「心理臨界點」，或者「慾望臨界點」，它因人而異，取決於每個人的價值觀和真實感受。

對很多年輕人來說，需要做的就是隨時審視自己的慾望臨界點。比如我自己，如果有些時候工作過於疲憊，我會允許自己降低慾望的強烈程度，給自己一個心理休整的空間。當然，如果你擁有家庭或者團隊，那麼慾望臨界點就需要根據與他人討論後達成的共識而確定。你需要盡量和身邊的人保持重要心理基準線上的一致性，互相接納，這樣才能在不破壞關係的前提下，滿足雙方的心理期待。

四「會休息」比「會努力」更重要

在這個全民「996」的時代，很多人甚至會每天加班到深夜，但是，這種對健康的短視，不尊重身心作息規律的行為終究會顯現出惡果。實際上，如果我們期待不枉此生、活得精彩，好的身體和充足的精力都是必要的前提。

很多現代病和亞健康狀態的出現，並不是因為我們不懂得如何努力，而是因為我們不懂得如何休息。下面分享的方法可以幫助你學會科學地休息，遠離慢性疲勞。

前文提到過，我們的大腦總會習慣性地進入「自動導航」狀態。很多時候我們確實休息了，但卻毫無效果。我們在壓力很大的時候玩遊戲，在任務繁重的時候暴飲暴食，在狀態不佳的時候宅在家裏刷劇看片，看起來都是在休閒娛樂，但心理負擔卻愈發嚴重。因為這些所謂的「休息」只是讓我們暫時從焦慮的事情上轉移了注意力，但大腦仍然在「自動導航」模式下憂心忡忡。

那怎樣才能真正地休息呢？

很簡單，就像我們的身體累了需要睡覺、餓了需要吃飯一樣，我們的大腦累了、情緒累了，也需要用一些方式進行緩解。我想向大家介紹的是「正念休息法」。

非常簡單，三個字：深呼吸。

不要小瞧這三個字，呼吸是你身體的錨。我們的自動化思維和過度波動的情緒、過分起伏的狀態本質上都是意念的游離，而呼吸，可以把我們拉回當下。

當然，我們在深呼吸的時候大腦一定又會開始「自動導航」。不要和這種情況對抗，當我們覺察到思緒跑遠了，就要允許自己走神，然後慢慢地重新開始深呼吸。這也是正念最重要的一點：不要強迫自己做所謂正確的事。

這裏分享幾種深呼吸的方法：

重要提醒

最後需要注意的是，放鬆不是虛度，而是有覺知地生活。

有時，虛度光陰讓人更加疲憊，因為當你甚麼都沒做時，反而會給大腦充分的空間瘋狂運轉。

如何有覺知地生活？

你可以在手機上安裝時間記錄應用程式，讓自己意識到每天的時間都是如何度過的。

將自己每天固定要做的事情劃分歸類，不要太複雜，比如休息、運動、工作、娛樂，當你停止寫作開始瀏覽網頁的時候，就記錄下這一次從「工作」到「娛樂」的切換。這樣的記錄不需要長期進行，隔一段時間記錄一下，讓自己的覺察力恢復，了解自己這段時間的注意力狀態即可。

坐姿深呼吸

坐在椅子上，雙腳着地，身體挺直，閉眼，將注意力集中在腹部，深呼吸。

站姿深呼吸

雙腳分開與肩同寬，將注意力集中在腹部，深呼吸。

伸展身體深呼吸

緩慢地抬起胳膊，然後放下，身體緩慢轉動，深呼吸。

正念行走深呼吸

在行走過程中感受腳與地面的接觸，深呼吸。

一開始不用訓練很長時間，3 分鐘即可，然後可以慢慢延長到 20 分鐘、30 分鐘甚至更長的時間。

這樣做的目的是讓自己回到當下，讓覺察力回來，讓大腦從「自動導航」模式中解放出來。

五 如何正確運用「正能量」

自律、積極、自控、內心強大、高效、勤奮、努力……我們是被「正能量」包圍，生怕自己被時代拋棄的現代人。勵志雞湯就像時效短暫的萬靈藥，服用的時候感覺自己無所不能，但藥效一過馬上又會被打回原形。

在一個抑鬱情緒普遍的環境裏，「雞湯」「正能量」會成為藥物酒精一樣的必需品。當我們被沒來由的消極情緒打敗時，積極勵志的言論確實可以讓我們迅速從過度悲觀的惡性循環中跳脫出來。

它們不是不好，但的確在兜售幻覺，而很多人會輕信幻覺。補充了「正能量」，你會認為自己也具備了成功的能力，但一覺醒來，卻發現現實中的自己沒有任何變化。

你不會對一個身患重病的人說：「再加把勁！你應該健康！」因為恢復健康需要實實在在的治療和鍛煉。而勵志雞湯所做的就是向我們大喊：「再加把勁！你要內心強大起來！」但想要做到這一點，我們需要像鍛煉身體一樣對自己的頭腦進行持續有效的訓練。

有統計證明，根本性地改變一個認知大約需要五年，將認知變成習慣至少需要七年。我從開始學習積極心理學到現在，能夠真正感受到自己幸福基準線的提升、自我效能感和行動能力的提高，也經歷了三年的時間。

所以有些時候不要怪雞湯短效，而是要看自己有沒有長期堅持去做。

加布里埃爾·厄廷根博士通過二十多年的研究，在《WOOP 思維心理學》一書中提出了一個將「正能量」變為「現實」的有效方法 —— WOOP 思維方式，即「心理比對」。

甚麼是 WOOP 呢？

WOOP 是「wish」（願望）、「outcome」（結果）、「obstacle」（障礙）以及「plan」（計劃）四個英文單詞的首字母縮寫。這種心理比對包含四個步驟，可隨時用於各種長短期願望的評估。

計劃名稱：

願望 W：

結果 O：

障礙 O：

計劃 P：

如果（　　　　　　　　），那麼我就（　　　　　　　　）。

如果（　　　　　　　　），那麼我就（　　　　　　　　）。

如何使用這個表單呢？

這裏以我 21 天早起閱讀寫作的計劃為例：

計劃名稱：21 天 45 分鐘早起閱讀 + 寫作計劃。

願望 W：堅持 21 天 45 分鐘的寫作 / 思考 / 輸出。

結果 O：通過持續的知識整理輸出，養成寫作的習慣，建立知識系統。

障礙 O：不想執行，無法堅持早起，被其他安排打斷。

計劃 P：堅持早起，利用好不被打擾的 45 分鐘，遠離手機和網路，專注閱讀和寫作。

如果（早上沒做），**那麼我就**（睡前或者從其他時間段抽出時間來做）。

如果（某一天中斷了），**那麼我就**（第二天再早起一點兒，補上前一天的時間）。

「好心情之旅」註定是一趟漫長的旅程，我唯一可以確定的是，只要你堅持走下去，就一定會成為一個身心狀態更好的人，一個能夠真實感受到生命的美好與幸福的人。

六 如何應對「至暗時刻」

……… 1 ………

復原力

人生中，困境和挫折無法避免，我們該如何面對呢？

這裏，我要提供一些關於「復原力」的基礎認知和培養技巧。所謂「復原力」，又稱「抗逆力」，指的是我們在壓力狀態下和遭受重大挫折時的心理承受能力。對復原力高的人有一個很形象的描述 ——「心理彈性大」。心理彈性也就是我們面對衝擊時，內心的緩衝能力和鬆弛度。

是的，真正擁有強大復原力的人，內心並不像我們想像的那麼堅硬，反而柔軟寬鬆，可以接納、反彈、消化各種類型的現實挑戰。

相比龐大的世界、突發的事件，人總會顯得微小而脆弱。我們不可能始終硬碰硬地去面對困難、解決問題，也並不是所有的問題都有解決辦法。

很多時候外部環境不能如我們所願，在一些再怎麼努力也無濟於事的時刻，心理彈性可以幫助我們冷靜下來，尋找新的解決辦法。

內心的高度彈性和靈活性包括以下三個方面：

- 應對情緒壓力時可以保持內心鬆弛
- 可以有效應對「杏仁核挾持」
- 對災難性思維可以進行認知重建

同時，提升心理彈性很重要的一點就是 —— 接受不完美。

我們欣賞設計師的傑作，羨慕擁有非凡成就的大師，把自己對工作的期許建立在對大師的崇拜上。人人都期待成為大師，但大多數人都只是平凡的人。於是我們進入了完美主義的陷阱 —— 對完美有強烈的渴望，卻不知道該如何獲得完美。

其實，大師也是從普通人、從無數的失敗中走過來的。我們不能只看最終成果，要看他們早期失敗的作品和付出的精力。

在勵志書和媒體故事中，似乎所有人都能成功，但要知道，故事是成功的人撰寫的，那些失敗的人我們沒有機會看到。因此，我們要多去看那些失敗的案例，要認識到失敗是正常的、合理的。只有這樣我們才有可能扛住挫折的打擊，獲得最終的成功。

我一直認為，生而為人最重要的義務，便是在不傷害別人的前提下，盡可能培養自己獨自生產幸福的能力。

因為只有當一個人幸福、自信、自尊、自愛的時候，他才能擁有持續的力量，才有能力向周圍的人和世界提供穩定的價值，才能不自卑、不患得患失，也不自大、不狂妄，才能把握好對人對己的分寸感。

這便是最有價值的存在方式，也是我所認為的真正的獨立。

我們尋求真正的獨立，並不是想讓每個人都成為一座孤島，與世隔絕、自成體系。

真正的獨立，是為了讓我們建立穩定的人格。當我們成了一個更加自洽（一致性）的個體，才能與其他人互為泉水，互相滋養；才能先懂得自愛，然後學會愛人；才能感受到別人的愛而不會索求無度；才能主動給予而不會患得患失。

這樣的你我才真正擁有與人建立穩定聯結的能力。

這就是應對人生不確定性最重要的方法，也是觸底反彈時最需要具備的復原力。

⋯⋯⋯ 2 ⋯⋯⋯
從簡單到複雜到簡單

美劇《傲骨之戰》（*The Good Fight*）的主角戴安説過一句話：「我意識到不管這個世界有多麼瘋狂，只要我自己的小天地還正常就行。」

個人對環境的控制是非常有限的，在這種情況下，對內部世界的掌控則能避免自己迷失於外部的混亂之中。

從出生到成長，我們頻繁經歷着「簡單 —— 複雜」的過程。在我看來，從成長到成人，則需要再度經歷「複雜 —— 簡單」的階段。這個階段類似於一次新生，可以使自己具備更穩定的心態和更鬆弛地應對世界的能力。

只有讓自己更輕鬆地應對外部世界給予的挑戰，我們才能在此基礎上創造真正的新鮮、趣味和快樂。我們才能夠真正成為獨立、自由的個體，去改變世界和創造自己的人生。

但是，從「簡單」到「複雜」容易，從「複雜」回歸「簡單」卻一點也不簡單。

混亂是一種自然的趨勢，加上科技進步、資訊爆炸、周遭飛速地變化，更多的資訊和刺激迅速衝入我們的世界裏，身邊的人、事、物每天都會發生不同的改變，經濟局勢、政策制度也在不斷變化，持續加劇的「不確定」隨時都在擾亂我們的生活。

有些人為了回歸簡單，選擇避世。他們離開城市、斷絕社交、拋棄所得、清心寡慾，但大多數人終究會發現，避世時間久了很難耐得住寂寞，與時代脫節並不會令人獲得真正的踏實和喜悅。

在我看來，更好的方法不是避世，而是入世卻不世故，是在所有人都面臨的困境前尋找解決方法，讓自己有能力直面碰撞，身心迅速成長 —— 去應對更複雜的局面和更混亂的資訊，去進化和升級，在全新的現狀中重建秩序，把混亂整合為更高級的簡單。

這個過程才是真正的進化和成熟，才是從一種逃避軟弱的姿態變成一種積極應對的成熟姿態。

我們都能夠通過努力，擁有這樣的生活與工作狀態 —— 主動、高效但不辛苦，享受失敗，收穫成長，最大程度地吸收生活中的歡樂與養分。

當然，如果「穩定的快樂」是這個時代的稀缺資源，那麼獲得這種資源一定不容易，不過，也一定有辦法。

秩序的建立最終還是為了脫離秩序，梳理清楚腦內的邏輯之後，我們就可以不再受制於邏輯了。建立內在的框架，然後站在這個框架之上，開始更具有流動性的自在人生。

七 目標三：獲得蓬勃的人生

我們不需要向任何人證明自己的幸福。我們的目標是通過一系列行動建立內心充足的幸福感，從而為更大的挑戰、追逐更好的生活持續創造動力和能量。

那麼，最理想的人生應該是甚麼樣子的呢？

在《持續的幸福》這本書中，積極心理學之父塞利格曼先生給幸福做了全新定義：蓬勃的人生。他用「PERMA」概括了蓬勃人生的五個要素：積極的情緒（positive emotion）、投入（engagement）、人際關係（relationships）、意義（meaning and purpose）和成就感（accomplishment）。

蓬勃人生的核心特徵是：

- 擁有積極情緒：總體而言，你覺得自己很幸福
- 能夠專注投入，擁有興趣：喜歡學習新事物
- 有明確的意義和目的：通常會覺得自己的行為是有價值的

蓬勃人生的附加特徵是：

- 自尊：通常自我感覺良好
- 樂觀：總是對自己的未來持樂觀態度
- 擁有復原力：身處逆境時，不需要很長時間就能恢復
- 具備活力：精力旺盛，知道「怎麼玩」
- 自主：有對前進方向的信念和堅持
- 擁有積極關係：在生活中，有人真正關心你

建立蓬勃的人生，也是這本書的第三個目標。

在全書的最後一章，我們還將針對這個目標進行整體的梳理，看看旅程結束時你是否更接近了理想中的生活。

本章總結

提升「積極率」

介紹了「積極情緒」對身心狀態的重要改善作用，分享了一系列提升「積極率」、改善我們情緒狀態的方法和工具。

建立你的「滋養清單」

介紹了「滋養清單」的幾種類型，以及建立屬於自己的「滋養清單」的方式。

自我「放縱」一下

分享了合理對待慾望、平衡工作和休閒的理念。我們需要結合需求，找到自己的「慾望臨界點」。

「會休息」比「會努力」更重要

介紹了休息對於提高工作效率、提升生活品質的重要性，分享了「正念休息法」，幫助大家在身心疲憊時真正放鬆。

如何正確運用「正能量」

分享了將「正能量」變為「現實」的有效方法，讓熱情變成持續的樂觀，將能量持續注入工作和生活中。

如何應對「至暗時刻」

介紹了應對困境的「復原力」，分享了提升「心理彈性」的方法。

目標三：獲得蓬勃的人生

介紹了蓬勃人生的核心特徵和附加特徵。

我闖入燦爛晨光　溫暖穿透朝霞輕撫我的臉　慵懶

我看到一抹清風　掃過髮梢調皮撞上你雙眼　依然

我看見鳥群飛過透明天空　無拘自由地盤旋流轉

我站在銀河盡頭　召集星辰為你描繪壯大的浩瀚

我按捺心口雀躍　期待找到可以形容的語言

——歌詞摘自《晨間第一曲》

第五章 進階

如何輕鬆舒適地與他人相處

如今，「社恐」成了一個時髦的詞。互聯網時代通信更為便捷，人與人之間的關係卻似乎變得更加疏遠和脆弱了 。

人與人之間的關係與幸福的關聯度大嗎？該維繫怎樣的社交關係才能最大程度上使人幸福？有哪些適用於社恐患者的有效溝通技巧？如何與自己的原生家庭溫柔和解？美妙的愛與依戀關係又該從哪些角度去切入、去獲得？接下來，我們將討論人際關係中與幸福有關的諸多層面。

一 陷入社交恐懼

哈佛大學有一項關於成人發展的研究[7]，從 1938 年開始，研究人員跟蹤了 724 個對象，記錄了他們的一生。研究內容有關這些人的成長、人生選擇、生活狀態，每隔兩年便會對他們進行尋訪和生活問卷測試。這項研究一直延續至今，第一批受訪者很多已經 90 多歲，甚至離世了。

研究選取了兩組人，一組是哈佛大二學生，另外一組是波士頓貧民區的小男孩。研究試圖探尋，究竟是階層、人生選擇、機遇、收入，還是其他甚麼因素令我們的生活更快樂。

7 關於這項研究的內容與結論，參見羅伯特·瓦爾丁格（Robert Waldinger）教授在 TED 的公開演講「何為美好生活」（What Makes a Good Life）。

這項時間跨度 80 年的研究表明，良好的人際關係能令人更快樂、更健康。它給出了三個結論：

- 良好的關係對我們是有益的，孤獨有害健康
- 不是朋友多就幸福。高品質的關係有益健康，低品質的關係對身體有害
- 幸福的婚姻不僅能保護我們的身體，還能保護我們的大腦

作為一個持續時間長、樣本眾多的經典研究案例，這些結論還是有一定說服性的 —— 社交對生活的幸福感提升非常重要。

但是，為甚麼我們常常不喜歡社交呢？

天生「社恐」就註定永遠無法獲得幸福了嗎？

1
高品質的關係

在上述案例的研究結論中，最重要的一點是，良好的關係對我們是有益的。

很多時候，我們排斥的「社交」，並不是良性的社交關係，很多令社恐症患者想起來就難過的經歷，也大多涉及惡劣的關係和消極的個人解讀。也就是說，雖然社交對我們的身心有益，但我們並不建議人人都成為公關達人、社交高手，也不提倡大量無效的廣泛社交。

只有將注意力聚集在建立更多良性社交上，擁有更多提升

彼此生活滿意度的良好關係，我們才會真正獲得幸福的情緒。

不過，甚麼是「良好」的關係呢？

即使手機中存儲的連絡人數量已達上限，在孤獨的時候卻依然不知道該聯繫誰，這是一種典型的現代病：「交易性質的社交」和「互相滋養的關係」數量嚴重不平衡，多數關係都是功利性質的，能夠提供情感支持的卻少之又少。同時，市面上的大部分社交技巧書籍只會教給我們如何建立人脈、開拓人際資源，暗示我們那些深層的交流是矯情、不必要、無用的。然而實際上，正是後者直接促成了我們與他人的聯結，讓我們的社交擁有真正的意義和長久的價值，讓我們通過關係獲得了穩定的幸福感。

這是我們生而為人的基本需求。

⋯⋯⋯ 2 ⋯⋯⋯

非零和博弈

塞利格曼在《持續的幸福》一書中也將「積極的關係」作為直接影響生活幸福度的五個元素之一。多項研究表明，在關於幸福的調查中，對生活滿意度最高的人，都是擁有更多積極關係的人。

基本上所有的關係都是一種交流和交換。用不夠浪漫的方式來講，所有的關係都是一種博弈。

那麼，我們渴望在生活中建立的良性關係、積極關係是甚麼呢？答案就是 —— 一種「非零和博弈」的關係。

我們先來講講「零和博弈」。

這個看起來很專業的詞的定義是：參與博弈的各方處於競

爭狀態，一方的受益必然意味着一方的受損。最極端的例子就是電影《大逃殺》：我必須殺死你，否則你便會殺死我。

現實生活中的零和博弈會觸發人們更多的競爭意識，導致我們腎上腺激素飆升，自我迫使，激發潛能。在競技、考試的時候也能激勵人們突破極限，追求更高、更快、更強。然而在日常的關係和團隊的協作中，我們需要「非零和博弈」，體會人與人之間的關係帶來的撫慰、支撐和共贏。

比如，有些家長很喜歡問孩子一個令他們極其為難的問題：「你是喜歡爸爸還是喜歡媽媽？」這就是一種「零和博弈」——孩子只能愛一個人，愛爸爸就不能愛媽媽，愛媽媽就不能愛爸爸。我從小就很不理解這個問題，很好奇為甚麼不能兩個都愛。而實際上，良好的親子關係就應該是孩子愛媽媽的同時也愛爸爸，還有爺爺嫲嫲和外公外婆。這就是「非零和博弈」——向外拓展更多的愛，而不是在內部競爭有限的愛。

所以我們需要把注意力向外擴展，多關注他人，關注還能創造甚麼，而不是過分地自我關注，過分局限於手中僅有的東西。畢竟我們沒有處在《大逃殺》的劇本裏，能夠走向廣闊的世界，去做更多有趣的事情，和善於「非零和博弈」的人協作共贏，一起創造價值，互相支撐。即使處在一個資源有限的競爭大環境裏，也可以建立更多的信任關係，並肩作戰，共同開拓資源。

3

注意力在哪裏

良好的關係來自對彼此的關注。

消極情緒會「收縮」注意力，它讓我們聚焦威脅的源頭，以儘快做出針對危險的防禦，但在社交關係中，如果我們用消極的方式去「收縮」注意力，將對方當作危險的目標，那將很難建立理想的、良性的關係。

現代社會中的孤獨感和不幸福，很大程度上來自人與人之間的信任度過低。而頻發的負面新聞、糾紛事件，讓我們愈來愈難建立對他人的信任。這一切都使得積極關係的建立更有難度了。

人的本性是自私的，傾向於自我保護、適者生存，但作為一個社會動物，與人協作也是必要的。如果將自我防禦放在太過重要的位置，就很難建立比較舒適的關係 —— 過分的自我關注會令自己極度敏感，很難從容地處理與人接觸時各種不確定的狀況。

我覺得，好的相處需要偶爾違背一下本能。

過分的自我關注是糟糕情緒的主要來源，但如果我們能夠將關注自我與關注他人的比重平衡一下，擁有更多同理心，給對方留有更多的試錯空間，那麼我們會更容易建立真正的良性關係。

二 內向不好嗎

有的人似乎生下來就陰鬱、敏感、脆弱，容易被挫折打敗；有的人則天生樂觀、粗神經、勇敢、開朗又自信，好像從出生起就中了「好心情彩票」一樣。既然社交這麼重要，那是不是天性外向的人更有可能獲得幸福呢？如果生來內向，那提升幸福基準線，成為一個「容易開心的人」，可以通過自己的努力來實現嗎？

誠然，遺傳因素影響了人格特質：多種基因共同決定了氣質特徵，這些氣質特徵與環境因素交互作用，影響着人格特質的發展。

讓我們回顧一下馬丁·塞利格曼在《真實的幸福》中提到的那個公式：**幸福的持久度 =50% 的幸福起始點 +10% 的環境 +40% 的可調整活動**。

決定一個人幸福程度的，除了 50% 的先天基因，也就是「幸福起始點」外，還有 50% 的後天因素。也就是說，我們的性格和處事方式通過後天的經歷和努力，是有可能會發生變化的。

常有人說，性格決定命運，但在我看來，決定命運的不是性格，而是你如何看待自己的性格。

對於任何一種性格的人來說，只要利用好自己的性格優勢，就能過上更好的生活，但內向的性格卻經常被人詬病。

在五大人格理論裏，天生「外傾性」得分較低的人基本可以歸為一般意義上內向的人。在生活中，內向與外向的人最明顯的區別在於，內向的人更需要通過獨處來釋放壓力，而外向的人則更需要通過與可靠的朋友見面、聊天得到放鬆。

從社交功能上來講，內向的人確實更難享受廣泛的社交。某種程度上，性格的內外向程度決定了社交的廣度。然而正如前文所說，「注意力在哪裏」是高品質關係的關鍵，想要獲得良性關係，內向的人在這一點上有時更有優勢。

通常，性格內向的人更敏感，也就更具備同理心，「宜人性」通常比較高。

大多數社交恐懼症患者，其實並不會在社交場合受到更多的傷害或指責，只是因為「思慮過度」或「過多地為別人考慮」，從而產生了負面解讀和消極情緒。

很多人覺得社交很累，但這並不代表他們不善於社交。相反，很多不熱衷於社交的人往往更招人喜歡，因為他們更冷靜、細膩，「宜人性」更高，所以在社交時反而顯得完美。而很多熱衷社交的外向的人，雖然喜歡同他人一起消磨時光，卻容易產生「朋友很多，高品質的關係卻很少」的情況。

高品質的關係是決定幸福的關鍵，更好地利用自己的性格優勢則是維護高品質關係的關鍵。

回看第三章中你的性格優勢，想一想你有哪些性格特點可以促進你與朋友、親人、愛人之間的關係，為你帶來全新的體驗？

下面是我的範例：

性格優勢	**轉化為關係優勢**
學習能力	能夠將所學的東西變成技能分享
理解能力	善於安撫別人的情緒
欣賞美與卓越	擅長安排與審美相關的活動／出行

現在，請在下表中寫下你自己的優勢：

性格優勢	轉化為關係優勢

將你的性格優勢轉化成可以用來建立高品質關係的優勢，同時，也請你將這個方法告訴你的朋友、家人和對你而言非常重要的人。這樣，你們就可以在相處時以彼此的優勢為出發點，發現更多生活的樂趣，這也極其有助於你們建立更多的良性關係。

三 良性溝通的秘訣

市面上有很多暢銷的社交技巧書，我也翻閱過一些類似的指南，比如《把妹達人》，它直接介紹了「把妹」的策略。

其實我蠻推薦「把妹達人」系列的《把妹達人聖經》，它的篇章結構和知識排列方式十分科學，是一本很有效的自助手冊。然而，我並不想把它推薦給想用套路輕鬆搞定女生的男生，我想重點把它推薦給有社交恐懼的人、初入社會的小白，特別是女孩子們閱讀。

在我看來，這些技巧類書籍最重要的作用是讓你有能力分辨一些最淺顯的社交技巧和套路 —— 避免在與人打交道時犯一些過於低級的錯誤，同時也減少你被不真誠的人用套路傷害到的可能性。

稍微翻閱幾本類似的社交書籍之後，你會發現：很多技巧策略類書籍中講到的方法，也許能讓社交小白迅速打開局面，但並不能促成長期穩定、互相滋養的良性關係。

它們介紹的技巧大多以「自己」為出發點，着重改變自身，比如要凝視對方的眼睛，腳尖要朝向對方，身體姿勢要舒展鬆弛、顯得自信，聲音要充滿底氣，要學會欲擒故縱，等等。

試想一下，在一次溝通中，如果我們的注意力都在「如何讓對方被自己吸引」上，全程都在「過分地自我關注」，還有可能達到真正有效的溝通嗎？

這些套路也許能夠幫助一些沒有社會經驗的年輕人，或是通過認知差異使人獲益，但這類社交關係的建立，本質上並不可能令人擁有穩定的好心情，因為這樣的關係是彼此消耗的，人們很難在這種關係上建立長期真實的聯結。

讓我們回想一下影視劇中展現「宮鬥」的情節。在權力鬥爭下，人與人很難建立真實的聯結與信任。很多人羨慕帝王有權勢，有榮華富貴、三千佳麗，但若是讓古代的皇帝們去做一份幸福調查問卷，相信他們的平均幸福指數會低得超出想像 —— 權謀勝利時的高光一閃而過，生活中充斥着漫長的驚恐與無助。

在我看來，那些熱衷「宮鬥」的團體，或者說熱衷建立欺騙性多角關係的男女，大多是因為很難建立對個人價值的認同，只好通過對他人的操控來證明自我的價值，但從積極心理學的角度看，惡性的關係是對身心消耗最嚴重的外部因素之一。

作為一本幫助人獲得好心情的手冊，本書的建議是：盡量減少建立彼此消耗的、惡性的關係，轉而以建立積極的、相互滋養的關係為目標。

在我看來，一切關係中，好的溝通只需要盡量遵守一條準則：以彼此的核心感受為出發點。

這句話中很重要的一個詞是「彼此」，也就是說這件事是相互的、雙向的，關係的雙方都需要被關注和尊重，這是任何一段良好關係的出發點。

第二個重要的詞彙是「核心感受」。很多時候我們很容易把偏激的情緒當成自己的核心感受。

前文提到過，你可能認為自己的感受很真實，但其實它只是「杏仁核劫持」之下產生的一種失控情緒。這種時候，我們需要照顧彼此的心情，但最終，我們需要關注的重點是，這種情緒是如何引發的？核心感受是甚麼？

舉一個例子，情侶之間生氣並不是因為「你沒接我的電話」，而是「我認為你不關注我」。

再往下深究一步：「我想要的關注是怎樣的？你能夠給予的關注又是怎樣的？」

這兩者之間是否存在一個雙方都能接受的點？

這便是一次照顧到彼此核心感受的溝通，而不是情緒上的溝通。良性的關係需要大量的溝通，而溝通本身也是促進關係很重要的一點。所以我們會說，互相滋養的良性關係在精不在多，但需要投入足夠的時間和精力。我們要做的就是，把更多的注意力給到真正在意我們感受的、真正重要的人身上。

延伸閱讀

《積極心理學》中推薦了一些良好溝通策略：

- 聽的時候，只傾聽不判斷
- 保留自己的觀點和情緒
- 總結一下所聽到的內容
- 檢查結論是否準確
- 說之前，想清楚自己到底要表達甚麼
- 將觀點條理化
- 將觀點清楚地表達出來
- 確定對方聽明白了自己的觀點
- 不帶情緒，不加指責，準確、清楚地闡明自己的意見
- 必要的時候將觀點重複一遍

作為一度害怕出門的社交恐懼症患者、一個標準的「內傾型」人格擁有者，我要在這裏向內向者以及輕微社交焦慮者分享一些社交認知小技巧，方便大家進行心理建設。

你並沒有那麼重要

在社交場合，每個人的關注點都在自己身上。然而，除非你是場內唯一的大明星，或者對其他人

非常重要，否則，你的舉動和言語上的尷尬都不會被別人過多在意。不要因為自己可能出現的不完美而過度緊張焦慮，並在事後不斷反芻、懊惱。

再重申一遍，在社交場合，每個人的關注點都在自己身上。那些看起來充滿魅力的人，也許此刻和你一樣，也正在擔心別人的看法。我們都不要對自己太苛刻。

他人不是地獄，他人只是他人

作為一個存在主義哲學迷，「他人即地獄」一度是我中學時期的座右銘。這也導致我很長一段時間裏都條件反射般地排斥社交，排斥接觸不熟悉的人。

後來我意識到，大多數人與人相處時產生的矛盾，都是源於本能的控制慾。很多時候，我們認為是「地獄」的「他人」並沒有存心傷害你，只是沒有按照我們的預期存在而已。

武志紅所說的「巨嬰」大概也是這個意思——嬰兒與世界的相處模式是，通過哭喊來要求別人滿足自己的慾望。所以，對於巨嬰來說，一旦對方沒有達到自己的預期，那麼對方做的就是錯的。但是，沒有誰願意被不設邊界地控制，所以一味地按照自己的預期來要求別人必然會引發很多矛盾。

當我們心裏沒有了「他人即地獄」的預設，在社交場合更多地關注別人的獨特時，社交也會變得沒那麼可怕。

不要試圖控制別人的想法。「我希望他喜歡我，他如果不喜歡我就是傷害了我」，這就是一種試圖控制的心理。每個人都有權利喜歡你或者不喜歡你，這是他們的選擇，和你無關。你如果在意，就去嘗試尋找原因，如果真是自己有問題，那就在以後的生活裏多加注意；如果不是你的問題，那就隨他們怎麼想吧。時間有限，精力不值得耗費在那些不喜歡我們的人身上。

對他人充滿敵意和哀怨並不能解決問題，把他人看作地獄，只會加劇你的糟糕情緒，並影響你對人、對積極關係的享受與信任。

從無關緊要的閒聊開始「社交脱敏」

對於非常害怕社交的人來説，從不重要的閒聊開始「脱敏」是讓社交變得沒那麼可怕的關鍵。

很多不喜歡社交的人，總會放棄日常的社交，「硬着頭皮」去參加那些非去不可的社交活動。然而這些活動往往非常關鍵，甚至可能直接決定你的人生走向，一點細小的錯誤都容不下，長此以往，反而會加重你的社交負擔。

所以想要克服社恐，可以先從不重要的閒聊開始。比如和計程車司機、理髮店小哥、電梯裏的鄰居偶爾說上一兩句話，讓自己逐漸脫離對他人的恐懼和排斥。這些閒聊可以幫助你積累經驗，即使表現不佳也不會讓你有太多負擔。

社交之前不要過度準備

很多市面上流行的社交指南會告訴我們，在開始社交前，我們要準備好台詞、打扮得正式好看等等。而對於社恐患者來說，這些都是進階性的技巧。當你連「與人打交道」都覺得困難的時候，進階性技巧只會消耗你的注意力，讓你更加疲憊。

我們可以嘗試在日常的社交訓練中脫離那些過度的準備，只需讓自己外表乾淨整潔，沒有負擔地與人溝通，以最自然的狀態去參與活動。你會發現，你在鬆弛中變得更自然、更真誠了，也因此減輕了社交的疲憊感。

使用「合理情緒療法」分析自己社交之後的感受

社交結束之後，使用第二章提及的「合理情緒療法」，將自己的情緒寫下來做分析。再遇到同樣的情況時，我們就不會被自己的錯誤信念牽引了。

㊃ 如何治癒原生家庭留下的黑洞

相信很多朋友都聽說過社會學中「原生家庭」這個概念。它是指兒女未成婚前與父母生活在一起的家庭，也就是一個人出生和成長的家庭。而成年後與伴侶建立的家庭則被稱為「新生家庭」。

與父母的相處方式會潛移默化地影響一個人成年後與新生家庭的相處模式，也會在某種程度上塑造他與外界的相處模式。

不記得在哪裏看到過一種說法：很多中國家庭都由一個焦慮並充滿控制慾的母親、一個缺失的父親和一個茫然的「巨嬰」孩子組成。

在我看來，形成這種家庭關係的原因大概如下：

傳統的父權式思維，使得母親很早就放棄了對自我價值的聚焦，試圖通過家庭實現價值，但這種放棄僅僅源自社會風潮、父輩壓力和環境製造的慣性思維，並不是內心的真實需求。因此，多數母親在放棄自我實現的同時是帶着巨大的犧牲感和不情願的。

而這種家庭中的父親，在思維上依然保留着父權的殘餘，想要通過家庭成員和外界的尊重來建立自己的價值。在「婦女能頂半邊天」之後，中國大多數家庭都是雙職工式，不像日韓很多家庭都由丈夫賺錢、妻子持家。父親在現實中無法從家庭內部獲得期待的價值，成為焦慮的母親控制下的一個「家庭事務責任人」，因此選擇逃避。

孩子則成為母親通過家庭實現價值的工具，在沒有獨立意志的時候被母親按照自己的意願和缺失塑造，承擔了一部分母親自我實現的需求，扮演了一部分缺失父親的角色，成為家庭的一個創可貼和螺絲釘。所以當孩子的自我意志建立之後，他既渴望遠離家庭，又從心底依附於家庭，時刻處於無法決策的被動與矛盾之中。

生活在這樣的家庭裏，維持聯結的更多是傳統的義務、責任，家庭成員作為個體，個人的需求不太容易被看到、被在意，接收到的資訊更多是被要求、被犧牲。這樣的家庭內部很少有真實的愛意流通，缺愛的相處模式也會被帶入新生家庭中，代際輪回，造就了很多不快樂的小孩子。

我們該如何應對原生家庭的問題？父母造就的相處模式是無法改變的嗎？該如何與常常衝突的父母溝通？這裏給大家一些建議：

首先，不要把原生家庭當作「痛苦之源」，而是要把它當成你了解自己行為和處事模式的資訊來源。

某社交媒體上有個小組叫作「父母皆禍害」，匯聚了很多人在原生家庭和成長過程中積累的創傷與痛苦。有很多朋友自從聽說了「原生家庭」這個詞後，就開始將自己的一切失敗都歸因於原生家庭的養育方式，常常對父母充滿怨恨。實際上，這種處理方式只會加劇原生家庭的矛盾對家庭成員的影響。

世界上沒有一百分的父母。我上心理學課的時候，老師也說過，作為心理學專業的人，本以為自己可以在育兒過程中，避免出錯，但即使掌握了再多知識理論，在與孩子相處的過程中，也都沒有辦法避免做出可能會對其造成創傷的事情，有很多時候自己也會非常沮喪。

心理學專業的老師在具備專業知識的情況下都沒有辦

法做到一百分，我們大多數人的父母又怎麼可能避免原生家庭帶給孩子的陰影和創傷呢？況且，在父母的成長過程中，也許經歷了更多比我們嚴重的心理衝擊，他們也沒有辦法從自己原生家庭的陰影裏走出來，更不用説避免給孩子帶來陰影了。

所以我才要強調這一點 —— 分析原生家庭對自己的影響，並不是為了抱怨和指責父母的教育方式，他們能將我們養大成人已經是盡職盡責了。我們回望原生家庭的成長經歷，更多是為了尋根溯源，去分析和了解自己的心理機制，修補潛意識裏的陰影與漏洞。這是為了讓我們成為更好的人，而不是讓我們和家人都活在對過去的怨恨中。

我母親就對這種事情很敏感。我每次問起自己小時候的性格、經歷，她都會認為我是在暗戳戳地表達對她的不滿。所以每次討論這些問題前我都會一再強調：「我只是為了找到自己的問題，讓自己變得更好，並沒有任何不滿或抱怨。」

第二，試着自己撫育自己。

當我們回溯了自己的成長經歷，了解到如何形成了當下的防禦機制和性格之後，可以嘗試着按自己期待的方式彌補欠缺。

比如，我是個從小很少受到表揚的孩子，所以也習慣性地害怕犯錯，對自己格外嚴格和挑剔，這使我很不快樂。當我意識到這一點後，就時常學着表揚和鼓勵自己。不需要多麼大的成就，即使是做了一頓好吃的飯、彈了一首好聽的曲子、唱功進步了一點點、房間整理得舒適好看，我都會不遺餘力地自我表揚。雖然有些時候顯得特別滑稽可笑，但有意識這樣做時，我都會讓內心那個完美主義的自己變得溫柔一些、鬆弛一些。這確實能夠讓緊繃的自己變得更自在、更快樂。

不管在成長中你經歷了甚麼，試着先從學會善待自己開始，這樣才能有力量善待他人，並因此獲得更多的善待。內在力量的充實才是我們填補心中裂痕、彌補童年陰影的前提。一味地向外在、向父母索取，不僅容易期待落空，還會讓我們變得更貪心、更空虛、更沒有力量。

第三，回憶來自原生家庭的美好體驗。

我們總是習慣性地看到問題、麻煩和糟糕的體驗，容易聚焦於內心的痛苦、孤獨和不幸的遭遇，而這也是人們不容易感到幸福的重要原因。

其實，原生家庭在塑造我們性格的過程中一定也帶給了我們很多饋贈。我們需要專門靜下心來，或者和父母一起，去回憶成長過程中那些開心的瞬間、溫暖的時刻。我們要去關注自己性格中的閃光點，然後回憶它們是由哪些成長經歷塑造的。

這樣的回憶可以讓我們不再將原生家庭污名化，能夠真正客觀地看待自己的成長、優勢與弱點，也可以讓父母更多地感受到我們對他們的理解和感恩。

第四，正視原生家庭可能帶給你的影響。

我們可以從以下六個方面向自己提問，發掘原生家庭對自己的影響，然後正視這些影響，更客觀地看待人事物以及人與人之間的關係。

- 我的家人是怎樣面對壓力的呢？我自己也是這樣嗎？

- 在夫妻相處上，我的父母為我做出了甚麼榜樣？
- 我在原生家庭中扮演甚麼角色？我是習慣做決定，還是聽從別人的帶領？這對我的婚姻生活有甚麼影響？我與配偶的角色是否有彈性，能夠因環境的需要而調節？
- 我的家人怎樣看待現實，是悲觀還是樂觀？我的原生家庭中有沒有一些價值取向是我一直奉為金科玉律的？這與我配偶的價值觀有衝突嗎？
- 我有甚麼行為、態度或想法是刻意與原生家庭相反的？是想要擺脫父母的某些負面影響嗎？我有沒有留意這些行為有時候會矯枉過正？
- 在我的原生家庭中，我傾向於效忠誰？這對我的婚姻有甚麼影響？婚姻遇到問題時，我是否會找其他家庭成員組成聯盟？

第五，將衝突轉化為理解，將怨恨轉化為愛。

很多朋友面對原生家庭問題，最大的困擾就是無法和父母溝通：「為甚麼他們不能改變自己的教育方式？為甚麼他們不聽我說話？為甚麼父母這麼固執，控制慾這麼強？為甚麼他們不愛我？」

其實很多時候溝通中出現這樣激烈的矛盾與衝突，並不是因為沒有愛，而是溝通方式出了問題。

我們常常過於直接地從自己的需求出發，試圖控制對方，讓對方按照自己的意願行事，並常常認為這是為了對方好。比如有些父母，常常期待孩子可以好好學習、好好工作、好好找結婚對象、乖乖生小孩。對他們來說，孩子就像是「人生作業本」，不同的年齡階段就需要完成不同的作業內容，如果沒有完成就是對父母的不順從、不孝順。而有些孩子則希望父母能夠尊重自己，給自己足夠的空間，但又沒有辦法徹底放棄父母提供的幫助，一直徘徊在獨立與依附之間。

雙方都有自己的立場，雙方都有自己的訴求，在這種情況下該如何溝通呢？

好的溝通中，很重要的一點就是，要把情緒和真實的訴求區分開來。

在第二章中我們講到了「杏仁核劫持」，也就是當外部刺激進入大腦後，情緒化的反應比理性的思考來得更快。而當我們在與人溝通的時候，如果試圖讓對方按照自己的意願行事卻不能如願，往往就會導致情緒化。這種時候我們溝通的內容已不是具體的訴求，更多是互相之間的情緒衝突。

比如，當父母不希望我們做某些工作、某些事情的時候，他們的真實訴求其實是希望我們獲得更穩妥的生活，但如果沒有很好地溝通，訴求就容易被表達為：「你這個不孝的孩子！」同樣，當我們希望父母給我們更多空間和自由的時候，其實是期待父母能夠好好享受自己的生活，不要太為我們的生活操心，結果卻往往表達為：「你為甚麼一定要控制我！管好你自己不可以嗎？」

這就是被杏仁核控制的雙方之間的戰爭。

好的溝通，需要先讓杏仁核冷靜下來。不要用情緒溝通，但可以先溝通一下情緒，具體可分為以下幾步：

溝通情緒

我現在的感受是甚麼？我為甚麼會有這種感受？

（比如：「我現在很生氣，我需要平靜一下，因為你説的某一句話讓我不舒服，希望我們以後不要再説這樣難聽的話了。」）

分析原因，尋求理解

我們為甚麼會發生爭吵？

這次爭吵是因為甚麼？你希望我做甚麼，我希望你做甚麼？你為甚麼希望我這麼做？我為甚麼不想這麼做？我們是否能試着互相理解？

探討解決方法

有沒有大家都能接受的辦法？如果沒有，接下來怎麼做可以讓大家都舒服？

實際上，對於大多數家庭來説，融洽的關係、相互的支撐、和睦的相處都是成員們希望獲得的。所以當我們與父母溝通時，需要先共同認可和明確這個目標，然後彼此包容、相互理解，想辦法並肩朝一個方向前進。

第六，明確良好的親子關係樣貌。

《積極心理學》一書中提到，良好的親子關係，需要父母滿足孩子以下的常規需要：

- 安全需要：避免孩子發生意外，培養孩子應對挫折的能力和憤怒管理技能
- 照顧需要：給孩子提供食物、居所和情感支持，培養孩子的依戀、共情和理解能力
- 控制需要：為孩子訂下明確的規則和限制，並進行

監督，予以獎懲

- 智力開發需要：在親子交流和互動中提供與孩子年齡相符的挑戰

要讓孩子形成安全的依戀模式，父母必須對孩子的安全需要和照顧需要保持敏感並積極予以滿足。

第七，不要把過去當藉口，專注於可以改變的事情。

我們常常陷入一種困境：父母不能理解我們，所以我們不能修復內心的黑洞。自認為帶有童年創傷的我們，似乎只有讓父母認錯、內疚，人生才會有起色，痛苦和性格困擾才會減少。

這種想法只是在為自己的不開心找藉口。

過去是不可能改變的，對過去的回溯只是為了讓我們探究根源、理解自己，而不是去向過去問責。

成年之後，我們能夠做的是與過去的自己和解，對父母有更多的了解，然後從過去走出來，逐步建立一種與自己、與家人更合理的相處模式。這種新模式的建立更多基於彼此的理解，需要大量的溝通，也需要有足夠的耐心去接受過程中的衝突與摩擦。這需要雙方都有足夠的意願和同理心，並不是了解了原理就可以一下子擁有完美的關係和生活。不要相信幻覺，好的生活必然需要持續的積累和精進。

五 如何去愛

觀看影視劇和閱讀文學小說時，開着上帝視角的我們都會立刻毫不留情地指出角色的毛病和問題，但回歸到自己身上，當我們需要去處理感情問題的時候，卻總會不受控制地去誤解、猜疑、迷惑、控制、冷戰，時常做出些傷害感情、傷害愛人的事情。

原因是甚麼呢？

除了很多時候我們受制於自己的情緒，也就是被杏仁核綁架從而失去理性思考的能力之外，一些在成長過程中養成的固定應對模式會讓我們自動化地處理關係。也就是說，有些事情即使我們清楚「怎麼做是對的」，也很難按照對的做法去行動，因為它們超出了我們習慣的行為方式，或者說遠遠在我們的舒適圈之外，讓我們沒有勇氣和能量去做。

1

美好的愛與依戀是甚麼樣的

一般來說，良好的成人依戀主要體現在以下三個方面：

- 有親密接觸的意願，在長時間分離時會體驗到焦慮
- 在有壓力或感受到威脅時，會向依戀對象尋求支援
- 能從依戀對象處獲得安全感和自信心，幫助自己建立起對外界事物更為開放的信任感

我曾經寫過一首歌，描繪了我認為最理想的「付出之愛」，這首歌叫作《我所謂的愛》。雙方都擁有付出愛的能力，才能建立理想中互相滋養的依戀關係。

我願穿過冷漠人群　牽起你那落空的手
光陰像流螢飛繞你不願被模糊的面孔
想代替你去疲憊　多麼欣賞你的堅定
繁星般閃爍不停閃爍溫柔的眼睛

願做你的愛人　你的朋友　你的孩子和你的母親
願做一個衛兵　守護着你那麼易碎的璀璨心情
願給你時間　給你空間　給你不被打擾的寧靜
如果你說冷　那麼請問可不可以與我相擁

當我想起你的時候　糟糕的情緒都散去
面前的陰暗和尖利　都變成明亮與善意
那些面目可憎的渾蛋　此刻也顯得有些好看
你看看你啊是個奇跡　把整個世界都改變

我是你的愛人　你的朋友　你的孩子和你的母親
我是一個衛兵　守護着你那麼易碎的璀璨心情
願給你時間　給你空間　給你不被打擾的寧靜
如果你說冷　那麼我們何不就此靜靜相擁

你是我的朋友　我的戀人　我的孩子和我的父親
你是我的英雄　拯救了我那麼珍貴的溫柔心情
你給我時間　與我相伴　給我不怕孤獨的平靜
如果我說冷　那麼請問可不可以與我相擁

2

成年之後的依戀類型

之前講到了原生家庭，實際上原生家庭對我們最大的影響就是在某種程度上塑造了我們成年之後的依戀類型[8]。而很多時候，正是依戀類型決定了我們習慣的、舒適的關係處理模式。

兒童在成長過程中，將他們對世界的認識、理解，與他們和養育者的關係模式聯繫在一起，形成了不同依戀類型。研究認為，孩子身上表現出來的依戀特徵，成年以後仍然會顯露出來。所以成年人也具有與兒童類似的依戀特徵分類。

根據瑪麗·安恩沃斯的「陌生情境研究」，兒童的依戀分為以下三種：

A 型：焦慮 - 迴避型依戀

擁有這類依戀的兒童，在陌生情境中，母親是否在場對他們的探究行為沒有影響。母親離開時，兒童不表現出明顯的分離焦慮；母親返回時，也不主動尋求接觸，甚至當母親接近時反而會轉過身去，迴避母親的親密行為。在憂傷時，陌生人的安慰效果與母親差不多，兒童不表現出明顯的陌生焦慮。

B 型：安全型依戀

這類兒童在陌生情境中，會把母親作為「安全基地」，去探究周圍環境。母親在場時，他們主動去探究；母親離開時，

8 這一有關依戀的理論首先由英國精神病學家約翰·鮑比提出。1969 年，鮑比關於依戀的三部重要著作的第一部問世，它闡述了嬰兒與照顧者之間的聯繫，該觀點具有劃時代的意義。

則產生分離焦慮，探究活動明顯減少。他們憂傷時容易被陌生人安慰，但母親的安慰更有效。母親返回時，他們會以積極的情感表達依戀並主動尋求安慰。即使在憂傷時，也能通過與母親的接觸很快平靜下來，然後繼續探究和遊戲。

C 型：焦慮 - 抗拒型依戀

這類兒童在陌生情境中，難以主動地探究周圍環境，而且探究活動很少，表現出明顯的陌生焦慮。在母親離開時相當憂傷，而重逢時又難以獲得安慰。實際上，這類兒童抗拒母親的安慰和接觸。他們的行為表現出一種憤怒的矛盾心理，對母親缺乏信心，不能把母親當作「安全基地」。當母親返回時，他們拒絕去探究，仍表現出明顯的焦慮不安。

如果把 B 型依戀（約佔 70%）稱為安全型依戀的話，A 型（約佔 10%）和 C 型（約佔 20%）則可以統稱為不安全型依戀。三類依戀之間的區別不在於程度的強弱，而在於品質的高低。顯然，B 型依戀的品質高，而 A 型和 C 型依戀品質低。

在孩童時期與養育者建立起來的依戀關係基礎上，加上各種各樣的人生經歷，才會形成支配一個人認知、情感、行為的控制體系，也就是我們所說的「人格」。研究表明，能夠建立穩定舒適的依戀關係的成年人，更多是成長階段就能夠建立「安全型依戀」的兒童。

對原生家庭的分析、對依戀類型的了解，有助於我們看清楚自己習慣的關係模式。這也可以幫助我們修改一些影響行為的核心信念，讓我們不要總是被習慣帶領着，去做傷害關係或者傷害自己的事情。

這樣，針對依戀類型，我們可以適度地提醒和改善自己在與他人相處過程中慣性的應對模式，也可以提醒伴侶，建立更好的關係互動模式。

比如，針對「焦慮－迴避型依戀」的伴侶，你需要提醒自己多去關心對方的感受，不要過分自我中心。你需要適度減少一些獨立性，多一些合作與互動，拉近彼此的距離，讓對方不會感受到太多冷淡和疏離。

而針對「焦慮－抗拒型依戀」的伴侶，你則需要更多地將注意力放到自己身上，不要過分關注對方的行為舉措。你可以培養自己的獨立性，尋找獨特的興趣和喜好。

3
雙方的意願

大多數情感專家、婚戀導師、徵婚廣告都容易給人一種誤導：建立好的關係，需要首先尋找到一個好的人。

然而，任何一段關係都是由雙方共同建立的，關係的好壞也取決於雙方。如果渴望建立一段美好的關係，不僅要看對方，自己也需要有足夠的準備和能力去經營。

一項以關係穩定的情侶或夫妻為對象的研究，發現了良好關係中最普遍的互動模式有如下特徵：

- 雙方彼此尊重、包容，做出承諾
- 把積極行為歸因於性格
- 把衝突聚焦到具體的問題上，解決問題而不是進行指責
- 積極互動多於消極互動

- 關係出現裂痕後迅速修補，容易原諒彼此
- 理解並利用男女交流模式的差異
- 了解並努力照顧對方作為親密伴侶、家庭角色的需求
- 雙方情商高、情緒穩定、「宜人性」強

如果我們多以此建立自己的行為方式，一定會讓關係往好的方向發展。

當然，穩定而互相滋養的關係需要持續、有規劃的經營，需要一系列目的積極的行為。那麼，該如何去建立這樣的情感聯結呢？

有利於增強親密關係的行為	不利於增強親密關係的行為
伴侶雙方在尋求了解對方和被對方了解的過程中步調一致。	伴侶雙方在尋求了解對方和被對方了解的過程中步調不一致。
伴侶雙方都用獲得的資訊來增進感情。	伴侶中的一方或雙方不使用在了解彼此過程中獲得的資訊，或者用資訊來傷害對方。
伴侶雙方接受他們所了解的資訊，並尊重對方。	伴侶中的一方或雙方對所了解資訊的接受度很低，對另外一半也不夠尊重。
伴侶雙方有意願無限期地繼續專注過程，從而使得彼此的思想、感情和行為協同。	伴侶中的一方或雙方沒有意願參與總體的專注過程，或者只是偶爾參與——雙方很少有同步性和協同性。
伴侶雙方能及時發展出「自己是特別的」以及被欣賞的感受。	伴侶中的一方或雙方不能發展出「自己是特別的」以及被欣賞的感受。

通過上方表格[9]中幾種利於或不利於增強親密關係的行為，我們可以看到，一段理想的親密關係的建立，其實是雙方意願的結合。

4

培養專念

「豐盛的關係」是指在伴侶雙方的協同努力下持續變得更好的一種關係。用心經營的感情健康而持久，而這種經營需要一系列的積極行為。愛荷華大學的社會心理學家約翰．哈威將這一過程稱為「專念」(Minding)。

專念是「人們互相了解的過程」。約翰．哈威和他的同事們提出了「專念關係的五成分模型」，它包含以下這些連續性的步驟：

了解和被了解

關係中的每個人都必須想要了解對方的希望、夢想、恐懼、脆弱和不確定性。每位伴侶也都必須監控自己的表達和對方的自我表達之間是否平衡。

對行為做出促進關係的歸因

把積極行為歸入特質性原因，把消極行為歸入外部的、情境性的原因，這是理解對方行為最具適應性的方法，即凡事往好處想。

接受和尊重

9　資料來源：C.R. 斯奈德、沙恩·洛佩斯著《積極心理學－探索人類優勢的科學與實踐》，人民郵電出版社，2013 年。

需要一種同理心聯結和精細的社交技能，接受彼此的優點和弱點是很必要的。

保持專念的互惠性

雙方都要主動參與並投入能夠加深關係的想法和行為，這對於維持良好的關係很必要。若是一方缺乏參與的意願，另一方會有挫敗感或藐視感。

保持專念的連續性

親密成熟的感情也需要計劃和策略。經常留意彼此的目標和需要，才能發現在專念過程中哪些因素起作用，哪些因素不起作用。

專念是一種可以培養的技巧，它能夠讓伴侶雙方獲益良多。

本章總結

陷入社交恐懼

分享了「社交」對幸福感和身心健康的影響，以及良好的關係有哪些特點。

內向不好嗎

分享了不同性格的特質以及將性格劣勢轉化為性格優勢的方法。

良性溝通的秘訣

分享了一些良性溝通技巧，幫助我們訓練和實現更有效、更溫和的日常溝通。特別介紹了一些針對社恐患者的社交小技巧，幫助緩解焦慮，享受社交的樂趣。

如何治癒原生家庭留下的黑洞

分析了原生家庭中普遍存在的一些問題，分享了修復原生家庭創傷的方法。

如何去愛

分享了良好依戀關係的特質，以及如何用一些積極心理學技巧實現對愛與依戀關係的建立、修復和維繫。

你是我的朋友　我的戀人　我的孩子和我的父親

你是我的英雄　拯救了我那麼珍貴的溫柔心情

你給我時間　與我相伴　給我不怕孤獨的平靜

如果我說冷　那麼請問可不可以與我相擁

——《我所謂的愛》

第六章

衝刺

我想要開心地工作

要想擁有幸福的生活，必然無法繞開佔據了我們日常生活很大比重的「工作」。

工作註定是辛苦而惱人的嗎？有沒有令人快樂的工作方式？

讓工作變得愉快不是一件容易的事，但你付出的努力將得到超乎想像的回報。

一 工作為甚麼不快樂

我們常常愛説這樣的話：「等我…… 我就……」比如：「等我賺夠錢，我就好好享受生活。」「等我財務自由，我就去周遊世界。」「等我成功，我就可以盡情開心了。」

我們都認為開心是努力之後的獎勵，是付出許多東西之後才換來的。甚至很多人會認為，在成功之前我們沒有資格開心，但在我看來，這些都是我們對開心的誤解。

實際上，只有處在積極情緒裏的人，才有更好的狀態和能量去創造、去前進、去完善。

開心是努力的動力，它不是我們的目標或結果，而是幫助我們達到目標的工具和手段。它是一個動機、一種可以在當下就建立好的積極狀態。維持一種充滿能量的狀態，會使你更容易獲得衝出困境、打破乏味的力量。

我們把開心和成功的順序搞反了，於是「努力」就成了一件特別辛苦的事情。這不僅影響了我們做事的效率，也直接降低了我們日常生活的品質。

一起看一下「工作不快樂」的閉環是如何形成的吧。（同樣的原理也適用於「學習不快樂」。）

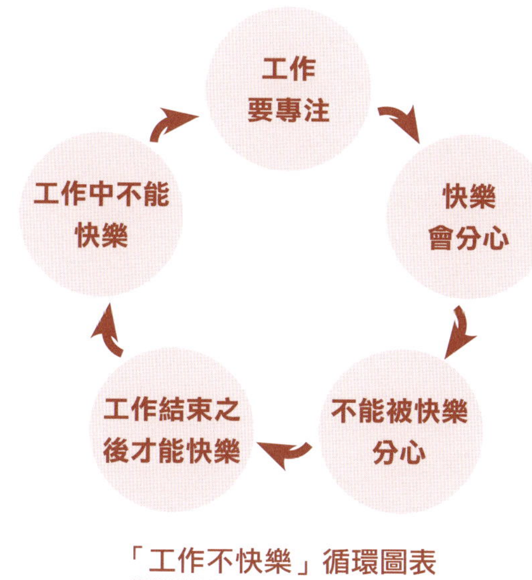

「工作不快樂」循環圖表

為甚麼會出現這個閉環呢？有兩個原因。

首先，很多時候，我們混淆了「快樂」和「享樂」。

我們習慣性地認為只有享樂才能製造快樂，而工作和學習不是享樂，所以不可能快樂。這種誤解導致我們只要一面對工作就會條件反射般地產生反感，享樂的時候又會因為想到工作中的問題而無法盡興，有的人甚至會在休息時有負罪感。

把快樂和享樂混淆，讓生活和工作互相碾壓，導致我們既不能盡興地工作，也不能盡興地玩耍，不管是忙碌還是休息，都會感到疲憊。

其實，快樂不僅源於享樂，也源於自我實現和成就感。而所謂成就感，也不僅僅來自賺大錢或收穫功成名就的人生，同樣可以來自「每天的一點點收穫」。

我們常常因為媒體的誇張渲染，以及勵志書和影視劇的過分美化，而把快樂的標準定得太高。事實上，並非只有橫跨蒼穹的完美半圓才稱得上彩虹，夏日午後草坪上，水管噴頭處巴掌大的七彩光斑也是彩虹。如果我們把快樂的標準定得太高太完美，人生很可能會「只經歷風雨，看不到彩虹」。

生活實苦，就不要吝惜給自己快樂，就要去隨時隨地感受細微的美好和小小的進步。在成為「人上人」之前，如果無止境地沉溺於「苦中苦」，可能會被無盡的苦難徹底壓倒。

在我看來，李誕那句非常流行的「開心點兒，人間不值得」也有這麼一層含義。

「工作不快樂」閉環形成的另外一個原因是，**我們容易把快樂看成一種會影響工作效率的情緒。**

之所以會有這種奇怪的認知，是因為我們從小接受的來自學校和父母的教育都在強調「延遲滿足」。「延遲滿足」是指人甘願為了長遠結果放棄即時的滿足，是忍耐與自控力的綜合呈現。

對於尚未建立自控力的兒童來説，適度的延遲滿足可以培養他們的專注與耐心，使孩子學會暫時放棄眼前的誘惑，克制玩耍的慾望，為了長遠目標而忍耐堅持。

但多數情況下，父母和老師會把握不好延遲滿足的度，容易無限地誇大吃苦的意義，壓抑孩子的慾望。很多家教嚴格的孩子甚至會認為快樂是可恥的，或者在達到完美之前沒資格快樂。

其實，完美並不存在，這種錯誤的認知只會讓我們沒辦法坦然體會快樂。

快樂實際上並不會影響工作和學習的效率。多數時候，積極的情緒反而對提升效能、發掘潛力有極大的推動作用。

影響效率的是分心和拖延，而導致拖延的一個原因是，我們認為需要去做的事情是痛苦的、有壓力的。趨利避害是人的本性，當我們認為一件事情是可怕的、痛苦的，我們自然會選擇去做更容易的事。於是分心、享樂、做更輕鬆的事情成了我們的第一選擇，真正重要的事情則被我們拋在了一旁。長遠來看，因為重要事情的拖延，我們最終只會獲得更多的不快樂。

要改善拖延，最重要的一步是，不把要做的事情想得太可怕。

那麼，我們該如何應對看起來不輕鬆但非常重要的事情呢？

我們可以通過自主設計，讓做事的過程變得快樂起來。快樂不僅是結果，也不僅是前提，它可以持續存在於整個努力的過程中。遊戲之所以好玩，是因為獎勵及時，玩家隨時擁有愉悅的體驗和升級的回饋。所以遊戲的設計非常符合積極心理學中的「心流原理」—— 將快樂代入努力過程。

如果可以隨時看到彩虹，就沒必要給自己強加風雨；如果看不到彩虹，也可以試着去欣賞雷雨的淒美與壯麗，去感受陽光鋪在面龐上的溫度。艱辛的過程、重複的日程以及不時到來的瓶頸期，一定沒有最終獲得成就的那一瞬間來得燦爛耀眼，但如果把目標定小一點，把步驟拆解開，把小問題的解決都當作成就，艱辛的過程也可以是愉悅的。

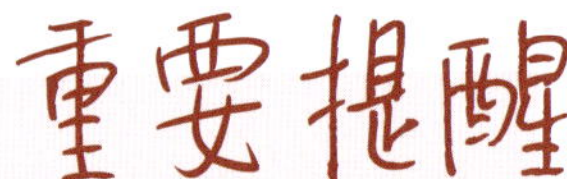

為甚麼我在這本書裏不提倡「痛苦導致成功」呢？

人的行為都是由外部刺激激發的，痛苦確實可以激發我們的潛能，讓我們發掘自己的可能性，但問題是，下次如果我們還需要激發這樣的潛能，就需要經歷同樣程度的痛苦。過大的壓力和情緒負擔對身體是有害的。

人與人不同，承受能力也有着先天差異。磨難也許會讓一些人重生，但也會給另一些人帶來不可逆轉的傷害。誰都沒有權利以「為你好」的名義給他人的生活製造磨難。

二 提升自我效能感

令工作快樂起來的原理與遊戲的原理一樣，就是讓人們得到即時回饋。對我們大多數人來說，最主要的回饋就是金錢，但大家也知道，工作不是中彩票，我們的付出和努力很難一下子獲得金錢上足夠的滿足。如果想收穫更多的愉悅，我們就需要在工作中建立更多引發愉悅的回饋。這就涉及個人主動獲取，它是建立在「自我效能感」的基礎上的。

自我效能感更多是指「合理的自信」── 相信自己的能力足夠激發潛能。合理的自信能夠促使我們更好地行動。

哪些方法能夠提升我們的自我效能感呢？

第一，想像成功的狀態。

我們可以幻想自己已經非常成功，這樣的喜悅可以強化我們做事情的能力和動力，積極的情緒狀態也可以反過來影響我們的自我效能感。當我們提高了效能感，自信心和動力就會增強，甚至連走路也會變快。

人體是一個複雜的系統，它會習慣性地為外在表現找原因。如果你表現出非常強烈的自我效能感，那麼大腦就會自動將之解讀為你真的擁有這方面的能力。所以說，如果每天都做出成功的樣子，成功可能就真的會慢慢靠近你。

第二，尋求支持。

尋找可以互助的社會資源，它們能夠與你目標一致，協助你發揮自己的能量，實現自己的願望。

第三，進行模擬推演。

我們可以通過想像來模擬各種解決問題的途徑，從而使自己進入一種最佳的心理狀態。做這種思維模擬，其實也是給自己積累成功體驗的一個過程。

第四，累計成功。

從細小的進步和成功開始，不斷提升自己的信心，不斷地鼓勵和肯定自己，用一種可量化的方式來累計自己的成功，在這個過程中逐步提升自我效能感。

第五，提升執行力。

把一些特別宏大、困難、抽象的問題，化解成一些具體、可執行、容易完成的小步驟和小目標，逐個擊破，並給自己設定即時回饋。

還有一種提升自我效能感的方法，就是和積極的人在一起，把高效自信的人當作自己學習的榜樣。

三 在工作中建立「心流」

你一定有過這樣的感受：當你在做一件喜歡的事情時，會忘記時間的流逝，會忽略掉周圍的人事物，全身心地投入到這件事情裏，甚至會忘記吃飯喝水，忘記疲憊。在整個過程中，你全身心地投入，充滿了愉悦感。

對於大部分人來説，最常擁有這種感受是在玩遊戲的時候，很多人也會通過閱讀、運動、極限挑戰、聽音樂、繪畫等事情獲得這種體驗。

記得幾年前的春節，我沒有回家，也沒有出門旅行。在空空蕩蕩的北京，沒有任何工作負擔的我，突然就決定畫一幅水彩畫。我在中學時因為興趣短暫地學習過繪畫，雖然後來因為學業繁忙放棄了，但是一直非常喜歡握着筆在紙上描繪的感覺，特別是因為這件事和我的現實生活沒有甚麼直接的關係 —— 它不影響我音樂作品的認可度，不像我在寫歌時，會因為別人的期待給自己提出很多要求，徒增許多壓力；它也並不是我完全不能掌握的事情 —— 我有一定的技能基礎，也喜歡做這件事，所以畫起來並不費力氣。

因此，每當提到「心流體驗」，我都會回憶起那個春節，我在房間裏畫了幾天水彩畫：調試顏色、潤濕畫紙、打稿、勾邊、描繪……畫出來的畫一點兒不專業，也沒想過要給任何人看，我只是享受那種在白紙上構造夢中城堡的私密愉悅，那種油然的喜悅每次回憶起來都會讓我嘴角帶笑。

美國南加州克萊蒙特研究生大學的米哈里·契克森米哈賴教授在二十世紀七十年代發現了「心流」狀態，認為處於這種沉浸狀態中的人會產生「flow」。清華大學心理學系的彭凱平教授將它翻譯為「福流」，我們也稱之為「心流體驗」「最優體驗」。

當一個人處於心流體驗中時，他會發自內心地去做當下的事，充分發揮優勢並不斷享受回饋；會在這個過程中產生控制感和滿足感，忘掉自我和時間。

······· 1 ·······

在工作中引入「心流體驗」的三個前提

有沒有可能在日常生活及工作中引入心流的運作機制，讓自己在面對任務和挑戰時也盡量保持心態的愉悅呢？

對於大多數現代人來說，主要的生活壓力都源於工作。我們需要靠工作來換取收入，因此即使工作中有很多我們不喜歡的事情，我們也不得不忍受。我也是如此，哪怕我的職業是我熱愛的，但當一首作品被反復要求修改，或是一次表演的準備時間有限，需要立刻登上萬人舞台時⋯⋯壓力和焦慮都會從四面八方湧來，我並不比大家在朝九晚五的工作中面臨的壓力小。

那麼，我們該如何化解這些壓力呢？有沒有辦法讓心流的機制介入，改善我們在面臨這些挑戰時的體驗呢？

契克森米哈賴教授指出，職場心流體驗出現的前提是：

- 人們對工作有掌控感
- 工作允許人們運用嫻熟的技能完成具有挑戰性的任務
- 工作有明確的目標和頻繁的回饋

如果我們想在自己的工作中製造更多的心流體驗，**首先需要對工作具有掌控感**。在我的理解中，這種掌控感在於：我們能夠在一定程度上掌握自己的工作內容和走向。也就是説，我們被分配的工作任務，依靠專業的投入和付出就能夠完成，而不會因為太多不可控的外在因素，比如公司決策的頻繁變動、人際關係的複雜，導致我們的投入泡湯。

這一點也説明，進入一個正常的、付出與回報比例相對合理的團隊是非常重要的，這直接影響到我們工作的幸福指數。

當然，如果不得不在一個人際關係比較複雜的公司或團隊工作，我們也可以盡量培養自我的覺察，遠離那些不可控的人和事，試着學習與人交流的智慧，用有效的溝通穩定失控的局面。

可以確定的是，加入職場鬥爭只會讓工作失控，並嚴重降低工作效率和幸福感。複雜的鬥爭會引發每一位參與者的不安全感，而這種不安全感則會使我們失去對工作的掌控感。即使有人因為偶發的勝利獲得一點兒短暫的回報，這種回報也是偶然的、不穩定的。

這樣的「企業文化」使我們喪失了讓工作愉悅的首要前提，也會讓我們失去在工作時進入心流狀態的可能性。

讓工作進入心流狀態的第二個前提是：**工作允許人們運用嫻熟的技能完成具有挑戰性的任務。**

首先，我們的工作需要有一點兒挑戰性，最好不要是極其枯燥、流程重複的。我們的工作內容要有一定的創造性，給我們成長空間，隨着經驗和技能提升，我們可以獲得更多的機會，創造更大的價值。那些日復一日的重複作業，因為沒有足夠的提升空間和創造力，比較難形成心流狀態。

如果正處於重複而枯燥的工作中，我們就需要嘗試在其中尋找提升技能的機會和上升空間，主動尋找更多的可能性。

同時，我們的技能也可以駕馭工作帶來的挑戰，也就是說我們的技能適合這份工作並可以提升工作成果。

我想到了一個自己的例子。

2018 年我舉行過兩次跨界的爵士樂專場演出。雖然都是音樂，但爵士樂是我從來沒有嘗試過的風格。爵士樂的演唱方法、與爵士樂音樂家的合作以及即興創作都是我之前沒有熟練掌握的事情。所以，雖然這兩場演出是讓我非常興奮的挑戰與機會，但當我真正開始做準備的時候，工作中的壓力和焦慮感就出現了。而與我合作的爵士樂音樂家們卻無時不處在一種自在的演奏狀態中，單是觀看他們的演奏與排練都是一種享受。他們那種投入的姿態、流露出來的喜悅感、彈奏出的音符帶給人的聽覺體驗，都彰顯着標準的心流狀態。

我與他們之間的不同在哪裏呢？就是我缺少讓工作進入心流狀態的第二個前提：工作允許我運用嫻熟的技能完成具有挑戰性的任務。對於大家來說都是工作，但之於他們，爵士樂是更能掌控的音樂類型，心流體驗就更容易被激發；而對於我來說，零基礎籌備一場爵士樂演出，如果沒有系統的訓練並投入足夠的精力進行排練，一定無法駕馭，也很難從一開始就有心流的愉悅感。

所以，非常重要的一點就是：如果想要在工作中輕易地體驗到心流，我們就必須掌握與工作內容相匹配的技能。

因此很多工作都需要前期的培訓，技能類職業則需要一段枯燥而長久的「刻意訓練」。這種訓練的過程必然是重複的、無趣的，直到你的「業務能力」能夠駕馭你的「業務內容」，你才能體驗到工作的樂趣。在心流體驗下，所有的職業都類似於一種「演奏」—— 旁人看我們工作，就像我們欣賞音樂家的表演一樣，從內到外都是愉悅與享受。

但是，必須先熬過一段不算愉悅的「刻意訓練」或「經驗積累」。這對所有人來說都是一樣的。

知道這一點，我們就會對剛開始工作時的積累階段沒有那麼多抱怨，也會更積極地投入其中，因為它對每個人都很公平 —— 沒有積累和訓練，大家都很難提升應對工作挑戰的能力，也就更難獲取工作時的愉悅了。

那些在公司體系裏獲得穩定提升的人，都是實力和工作內容相匹配的人。否則，即使獲得了很好的機會，沒有能力去駕馭，也只會徒增工作的壓力和焦慮，導致最終無法把握機會。

回到剛才講的爵士樂演出。因為不擅長爵士樂風格，我投入了很多時間和精力去籌備，但即使這樣，第一場演出的效果依然不是很好，結束之後我很是難過了一段時間。

但是它給了我很多爵士樂現場演出的經驗，包括與爵士樂隊即興配合的經驗，所以第二場演出很順利地完成了，現場觀眾的回饋也很不錯。

當然，作為演唱者，我自己體會到的愉悅遠沒有和我合作的音樂家們多。現場許多精妙的演奏和美好的氣氛也有賴於他們精湛的技藝和舞台表演。感謝這個世界上每一個為提升技能投入時間和專注力的人，當他們向大家展示這些優秀的技能時，帶來的便是真正的心流體驗，向我們展示了超脫於日常焦慮的美好。這種美好不僅僅體現在音樂演出中，也體現在每一個工作場合。一場酣暢淋漓的商業談判、一個精妙絕倫的廣告創意、一桌美味的盛宴、一次完美的團隊配合……每一位專業人士在自己崗位上展示的技能和智慧，都是日常生活中的美妙演奏，匯成了這個世界上無時不在響起的生活交響樂。

在工作中製造心流體驗的最後一個前提是：**工作有明確的目標和頻繁的回饋。**

這與上文提及的「遊戲引人入勝」的原理一樣 —— 我們付出的時間和精力能夠讓我們直接獲得積分或升級。好的工作機制也是如此，能夠讓能力強的人、投入多的人獲得相應的即時回報。

但是，工作並不是遊戲，獎勵和報酬機制取決於很多因素，回報也不可能像遊戲那樣明確，每分每秒都有回饋。所以我們人人都會經歷工作倦怠期：提升空間不明顯，回報不及時，這使我們對工作失去了興趣和熱愛，完全建立不了心流體驗。

該如何應對這種局面呢？

我的方法是，自己為自己設計回饋。

這種回饋和獎勵並不見得是即時可視的，但放在時間軸上，它們是有效的，能夠讓我們看到長期回報。這就等同於讓自己從追逐乳酪的小白鼠變成了設計迷宮的實驗者，不再被「失去眼前的一塊乳酪」過多地影響情緒，而是把更多的注意力放在迷宮出口巨大的乳酪和尋找出口的過程上。

我們先確定那個長遠的目標，然後將回報平分到每一月、每一週、每一天，設定一些象徵性的節點來犒勞自己每個時間段的成就，不要等到最後才給自己積極的回饋。

這種自我獎勵並非阿 Q 精神，它不是空想，而是讓我們在更長的時間線上看到自己具體的進步。這種獎勵也是為了時刻提醒我們、告訴我們那些投入並沒有被白白浪費，它們指向了更長期、更穩定的回報。

······· 2 ·······

在工作中引入「心流體驗」的兩個條件

當然，在工作中要構成真正的心流體驗，還有兩個非常重要的條件。

第一個條件是：**保持挑戰和技能的平衡**。

也就是說，我們設定的目標難度不能太大，不能超出我們的能力範圍太多。

如果設定我們用盡全力也無法完成的工作目標，那只會徒增自己的壓力，自然也很難形成心流。而如果挑戰太小、目標太容易達到，又會失去那種自我超越的愉悅感，工作變得無聊，也沒有辦法形成心流。

要想達到這中間的平衡點，我們需要更了解自己的能力，同時有一定的勇氣和好奇心去接受挑戰。只有這樣，我們的工作和日常才能真的像打遊戲一樣，不斷升級，不斷出現新鮮事物，同時又不會讓我們充滿無法化解的壓力與焦慮情緒。

另一個重要條件是：**動機和回饋最好是「內在動機」和「內在回饋」**。就像我們的「好心情遊戲」一樣，要想開心地努力，首要前提是，這件事情是你自願參與的，這趟旅程是你發自內心想要開啟的，你是真的希望自己變開心，這一點很重要。如果你自己一點兒也不喜歡，卻要裝作很開心的樣子，工作是不可能為你帶來心流體驗的。

很多人在擁有選擇的自由之前，很難發自內心地熱愛當下的工作，特別是當工作中有很多自己並不感興趣，卻不得不處理的瑣碎事情。

如果我們想要在這種情況下進入心流狀態，需要一個很重要的思維轉化，就是將動機和獎勵都從「外在」轉化成「內在」，將目標從諸如「一個月的薪酬提升」轉為「一年之後個人能力的提升」。當我們處理瑣碎事情時，要及時回饋和總結經驗，將所有的挑戰都看作能力的鍛煉，這樣，無論是業務能力還是處理人際關係的能力獲得提升，都會鼓舞到我們，因為我們知道，這些都會在日後的工作中轉化為實際回饋。

當挑戰無法避免，那就去消費挑戰、享受挑戰，像玩遊戲一樣解決難題、闖破關卡。這既是一種積極主動的心態，也是擁有能力者的表現。

心流體驗的原理也可以應用到選擇工作和管理團隊上。

塞利格曼在《真實的幸福》中將這些產生心流的條件與個人優勢結合，總結了「如何選擇以及轉化工作才能產生最多的心流」：

- 找出你自己的優勢
- 選擇可以每天讓你使用到這些優勢的工作
- 轉化你目前的工作，使你的優勢發揮出來
- 如果你是老闆，請選擇個人優勢與工作需求相匹配的人；如果你是經理，給你的員工空間，讓他們可以在你的目標範圍內自己做決定

四 培養覺察能力

為何甚麼都沒做卻總感覺自己渾身疲乏、效率低下？到底是甚麼造成了我們「低效高耗」？

很多人說，現代人最缺乏的就是專注力。我們失去了專注的力量，花費了很多時間在社交媒體、胡思亂想，以及應付焦慮恐懼等消極情緒上。大家總是說，要提高專注力、自控力，就要鍛煉強大的內心，要自律，要自我約束。

但實際上，比專注力和自控力更重要的，是自我覺察的能力。

……… 1 ………
是甚麼讓我們時常感到筋疲力盡

我們無法專注和自律，是因為我們失去了對自己身體和頭腦的控制權。即使我們一再地給自己下指令、打雞血、講故事、建立懲罰或獎勵機制，頭腦卻在我們不曾察覺的情況下按照自己的方式消耗精力。這也就是第二章中講到的大腦「自動導航」：明明手頭有非常緊迫的待辦事項，有漸漸逼近的截止時間，但是身體卻在不受控制地打遊戲、刷社交媒體、看視頻，這些娛樂活動此時並不能給你帶來愉悅，甚至會讓你充滿負罪感，但你就是停不下來。

這個時候，我們的身體失控了。它就像一輛自動導航的汽車，自行駛向其他目的地 —— 距離我們設定的目的地愈來愈遠。通過上一章的分析，我們清楚地知道，之所以有糟糕的感受，多數時候是因為我們對事情的解讀方式太消極了，但在情緒失控時，我們就是會止不住地去想糟糕的事情，止不住地想像不自律可能導致的可怕後果，直到筋疲力盡。

那麼，精力都去哪裏了？

精力都被頭腦的「自動導航」耗盡了。

最可怕的不是頭腦會「自動導航」，而是我們時常意識不到它在「自動導航」。我們嚷嚷着要有自控力，要自律，要積極，要消滅拖延症，但同時，我們腦內的汽車已經在瘋狂地奔馳，耗盡了每天清晨加滿的油量。當我們喊完口號，真正開始做事情的時候，才發現今日的能量份額已經耗盡了。

······· 2 ·······

如何消滅筋疲力盡

所以，一切能力的基礎都是「自我覺察」—— 能夠意識到自己的頭腦在「自動導航」，然後讓腦內的汽車慢慢地停下來，把每天固定份額的能量用到真正需要的地方上。

而正念是將道理運用到實踐之中的關鍵橋樑。它讓我們的頭腦、認知能夠和身體、行為真正協調配合。

如同你渴望擁有一具健康的身體，就需要按照科學的方式堅持鍛煉一樣，你渴望擁有能夠讓自己幸福的大腦，也需要堅持正念冥想，讓自己的意識與身體聯結，讓思想真正踐行到現實生活中。

除了遵循「正念認知療法」，我也總結了一套很蠢但是很實用的方法，來一秒鐘找回自己在生活中的覺察力。

我會在疲憊、困倦、茫然的時候問自己這個問題：**我在幹甚麼？**

然後，儘快寫下這些問題的答案：

我在做甚麼：

我在想甚麼：

我原本應該做甚麼：

為甚麼沒做這件事：

我的身體有甚麼感受：

我的情緒有甚麼感受：

要很認真地在紙張或者電腦上寫下上述問題的答案。回答這些問題的過程，就是讓覺察力回到你腦中的過程。附贈的電子版測試本中也給你留了書寫的位置。

比如，有一天我的工作計劃是完成五千字的文稿，但是我遲遲沒有動筆。於是我開始思考那個問題 —— 我在幹甚麼？

我在做甚麼：我在電腦上瀏覽網頁

我在想甚麼：跟着瀏覽的頁面思考，看到很多熱點新聞，評價這些新聞，沉浸在八卦裏欷歔感歎

我原本應該做甚麼：寫稿

為甚麼沒做這件事：感覺很累，集中不了注意力，控制不了自己

我的身體有甚麼感受：身體很不舒服，頸椎疼，頭疼，打不起精神

我的情緒有甚麼感受：情緒很焦慮，因為知道還有任務沒有完成

這個時候我就需要針對這些回答給自己一個診斷了。

雖然任務並沒有完成，但是我的「自動導航系統」一直都在耗油 —— 瀏覽網頁和八卦並沒有讓我得到休息，反而情緒不斷被調動，消耗了很多能量，所以我才會感到渾身疲憊，再加上一直保持着同一個姿態瀏覽網頁，我的頸椎痠痛。沒有去做真正重要的事情，也讓我的情緒一直處於焦慮的狀態，消耗了更多的能量。

所以，接下來我要做兩件事情：

首先，做 15 — 20 分鐘的正念冥想，讓大腦休息一下。

其次，做 30 分鐘左右的運動，讓身體從僵硬中紓緩過來，緩解疲憊。

現實中，當我們想要從「逃避性娛樂」製造的疲憊裏掙脱出來時，往往會認定：我好累，我今天不能做事了，我要看個電影。然而這樣做只會加重我們身體的僵硬和心理的負擔，並進一步誘使我們陷入過度疲憊的惡性循環中。

五 如何對抗拖延

1

拖延症是甚麼樣的

蒂姆．厄本在 TED 的經典演講「你有拖延症嗎」中，使用過一個非常有趣的比喻。他説，對於有拖延症的人來説，腦內除了理性的「決策人」，還有一隻「及時行樂的猴子」，這隻猴子千方百計地搶奪你大腦的方向盤，教唆你放棄重要的事情，先去娛樂、享受。

在這場注意力搶奪的比賽裏，一旦猴子勝出，它就會把你帶到一個「黑暗的遊樂場」。在這個遊樂場裏，雖然你一直在玩耍，卻充滿了內疚、自責、焦慮和不愉快，這就是多數拖延症患者的常態。拖延症的不快樂來自慢性的壓力和焦慮的情緒，我們並不是沒有娛樂的方法，也不是不會娛樂，但因為重要的事情還沒做，所以沒法從娛樂中獲得油然的快樂。

蒂姆．厄本在演講中說，實際上，每個人腦中都有這隻「及時行樂的猴子」。人人都有拖延症，只是程度不同而已。

……… 2 ………

為甚麼會拖延

為甚麼我們特別容易在很多非常重要的事情上拖延呢？比如論文、重要的工作、考前的複習？

有一句話是這樣說的：難做的事和應該做的事往往是同一件事。我們的大腦會自然地趨向安逸、舒適、好玩的事情，多巴胺製造的喜悅時刻誘導着我們朝那個方向前進，而大多數對我們來說真正重要的事情，都是比較困難、充滿挑戰的。

很多時候我們產生拖延的原因並不是我們不想做好，而是完美主義。我們對接下來要做的事情預期太高了，這導致我們非常害怕失敗，遲遲無法開始。

比如說，大多數時候我們遲遲無法開始考前複習，並不是因為我們不想考好，而是我們害怕自己考不好。這種心理是：如果我沒好好複習，那麼考試沒考好只是因為我沒複習好；如果我投入地去複習了，依然沒考好，那就只能說明我能力不行。在面對可能的失敗時，大家潛意識裏都希望自己是個「失敗的聰明人」，而不是個「失敗的蠢貨」。

所以，當我們面臨很多重要的考驗時，嚴重的拖延只是為了避免面臨失敗。

這並不是你一個人的問題，而是一種非常普遍的情況。當然，這也是我們被大腦的「自動導航系統」控制的表現，我們對一個未知的結果產生了本能的恐懼。

3

如何應對拖延

拒絕拖延最簡單的妙招就是：**5 分鐘快速啟動**。

它與本書開篇提到的「15 分鐘快速啟動」類似，但 5 分鐘的時長會讓你的心理負擔減小，自由空間變大。

很多時候我們面臨一件事情而不願去做，是因為這件事情的難度讓我們的大腦害怕了，這種害怕會讓我們進入一種不斷螺旋式下降的情緒狀態。

其實，無論你正面對多麼大的挑戰，無論你正處在多麼糟糕的狀態裏，無論你身邊有多少麻煩的事情纏繞，無論你有多少藉口讓自己拒絕行動，你都只需要告訴自己：「嘿，不用太久，先開始做 5 分鐘吧。」除了人命關天的大事，一般的雜事都可以等上 5 分鐘 —— 發 whatsapp、回郵件、做家務、打遊戲統統可以 5 分鐘之後再進行。

只要 5 分鐘，從現實的慣性漩渦中跳脫出來，從大腦的「自動導航」中跳脫出來，開始做那件「無比緊急且重要，但被你拖延了很久的事情」。

一般情況下，在開始 5 分鐘之後，你就會發現自己已經不再像之前那麼抗拒這件事了。面對一項重要且棘手的任務，長期的拖延其實給你造成了很大的心理負擔。然而，一旦你開始做了，哪怕只有 5 分鐘，你都會發現這件事沒有想像中那麼難以下手，於是便會自然而然地繼續面對它了。

六 做起事情來毫不費力的辦法

1

把一部分生活固定

選擇是一件相當消耗精力的事情，而我們每天的大部分時間都被持續的選擇充斥着，它們不斷地消耗着我們的精力。

回想一下我們每天都會面對的日常選擇——

早晨鬧鐘響了之後的選擇：

- 按掉鬧鐘接着睡還是現在起床？
- 再多睡 8 分鐘還是 15 分鐘？

起床後的選擇：

- 先洗臉還是先疊被？
- 早餐吃甚麼？
- 穿哪套衣服，背哪個包？
- 出門打車還是坐地鐵？

乘坐地鐵通勤時的選擇：

- 選擇排哪一隊比較快？
- 這趟地鐵很擠，上車還是等下一趟？
- 地鐵上看到熟人，打招呼還是繞開？
- 打開手機，刷微博還是朋友圈？
- 決定聽歌，聽哪一首？
- 快到站時車廂那頭空出兩個座位，坐還是不坐？
- 坐左邊的還是右邊的座位？
- ……

簡單地舉了幾個例子，相信你已經意識到自己每天都在無意識中做出了許多選擇。我們之所以常常覺得「甚麼都沒做但是好累」，就是因為這些下意識的選擇也在瘋狂消耗着能量。它們就像開機後自動啟動並佔據了大量記憶體的幕後程式，會讓大腦的運行速度變得很慢。

這就是我們為甚麼要多建立一些固定的日常流程，並不是我們想要固化生活，而是想要從無關緊要卻消耗能量的事情中解脫出來，把精力和能量用到有趣、有創造力的事項中去。另外，我們常說的「糾結」，即無法做出選擇的狀態，也會讓人非常疲憊，因為做不出選擇就無法行動。長久停滯在一個無效的狀態中，會讓大腦充滿挫敗感。

所以，讓自己精力旺盛，狀態更佳的兩個重要方法就是：

第一，把一些不重要的日常流程固定，讓選擇變成習慣。

第二，已經做出的重要選擇就堅持執行，不要反復搖擺、糾結，使其停滯。

我們要做的是在執行的過程中持續做出有效的判斷，讓事情向前發展，而不是不停地回到原點，質疑自己過去的選擇，原地打轉。歐文·亞隆有一句話我非常喜歡：「使生活愉快的關鍵在於，先去選擇必要的東西，然後熱愛所選擇的東西。」(《當尼采哭泣》)

不要覺得固定化的生活太死板。很多時候，將一些無關緊要的事情程式化，是為了有更多的精力去做真正有趣的事。

…….. 2 ……..

讓習慣來行動，而不是用意志力

無論是工作、學習還是自我更新，我們總需要和惰性做一些鬥爭。實際上，我們的大腦中每天都有「向上」和「向下」的兩種力量在相互拉扯。隨性的力量讓我們趨向安逸，也就是待在舒適圈裏；理性的力量讓我們嘗試改變，也就是跳出舒適圈。這兩種力量背後，實際上就是情緒和理性在相互拉扯。

我們的生物機體習慣性地讓我們保存能量，以應對突發的災難。如果沒有理性的控制，我們會胡吃海塞、昏睡終日，這是我們動物性的本能。你不會看到一隻草原上的羚羊為自己制訂營養健身計劃，它每天在做的就是吃、尋找安全的棲息地、躲避危險，這些都是身體本能驅使它去做的事情。如果一隻羚羊常年不用面對生存威脅，比如生活在動物園中，它也依然會按照身體的需求保持適度的運動量，所以很多動物有「動物園綜合症」——不停地在籠子裏轉圈圈。

而理性則讓我們意識到對生存的焦慮是無來由的，因為這些來自大自然的威脅在文明社會裏幾乎已消失了，但是過度的理性又會讓我們的身體失去警惕，當危險突如其來時失去急速反應和抵禦的能力。

情緒和理性都是重要的，缺一不可，但任何一方佔絕對優勢都是不安全的。

實際上，大多數的問題歸結到最後，都是單純的體力問題，包括心理狀態。意志力也是一種體力。就像做一個動作需要我們控制肌肉一樣，意志力也需要我們調動大腦中的各個部分完成。

所以，很多時候並不是我們意志不強大，而只是單純地累了。無論是被大腦的「自動導航系統」悄悄消耗了「汽油」，還是注意力不集中，都是疲勞的表現。

強大的意志力，不是我們通過自責、內疚就可以建立的，而是需要綜合的行動。

首先，讓自己成為一個精力旺盛的人。

不要再僅僅為了減肥而保持健身習慣和健康飲食，我們首要的目標是讓自己精力旺盛。大部分人無法堅持減肥並不是因為天生沒有意志力，而是沒有充足的精力來支撐意志。大多數的節食減肥會失敗，是因為最後隨着體力的流失，意志力也鬆懈了。

其次，把意志驅使變成習慣。

我們現在走路並不需要消耗意志力，但剛剛學習走路時，我們需要消耗很多能量和意念讓自己邁出腳步。

如果我們想通過哪件事來改善生活狀態，那就保持耐心，把這件事情變成習慣。

很多堅持健身的人並不是意志力強大的人，而是把健身變成了習慣，不健身會渾身不舒服，就像不刷牙會不舒服一樣。

❼ 自律的技巧：好習慣列表

其實，真正決定我們生活品質和效率的，不是自控力，而是我們的「自動行為」—— 那些不費力的習慣。

我們渴望獲得好的人生，而好的人生實際上取決於我們的身體狀態和精神狀態。如果我們每天都狀態積極、情緒飽滿，困難也不會顯得太難，人也會更有創造力。

所以在這裏分享一些可以培養的晨間和睡前習慣。這些習慣難度不大，一旦養成，便能夠幫助你獲得旺盛的精力，建立充滿動力和能量的生活狀態。

1
好的晨間習慣

第一步：喚醒自己的身體。

除了洗漱之外，做一些簡單的活動來喚醒身體，是開啟活力一天的關鍵。

不需要做專業而複雜的運動，只需要跳躍、小跑或者扭動一下身體。這樣做是為了讓你的身體活躍起來，進入一個比較興奮的狀態。實驗證明，興奮的身體能讓頭腦更清醒，記憶力和理解力都會變好。

另外，早晨起來記得多給自己一些笑容。

笑能讓你的頭腦以最快的速度進入一種好的情緒狀態。大腦其實很好騙，即使現實中沒有甚麼開心的事情，但只需要笑，頭腦就會認為我們正處於開心的狀態，也會因此分泌一些愉悅的神經傳遞質，逐漸改善我們的情緒狀態。

多笑、動起來，都是讓我們情緒變好、狀態興奮的簡單方式。

第二步：喝水，補充營養。

多喝水能夠提升你的基礎代謝水準，高的代謝水準能令我們精力更旺盛，身體機能更好，充滿活力並保持年輕。（運動也是增強代謝水準很重要的方式）

第三步：盡量少攝入碳水化合物，多吃蔬菜水果和蛋白類食品。

如果你期待精力充沛的一天，那早餐請盡量減少碳水化合物的攝入。能夠分解為高糖的食品確實令人感到愉悅，但它們也會引發睏倦，令人昏昏欲睡。建議多攝入膳食纖維類食品和蛋白類食品，比如果蔬汁、雞蛋。

以上幾步是幫助你開啟精力旺盛的一天的最簡單方法，並且都不是難以堅持的事情，很容易養成習慣。保持這些習慣，相信你很快就會擁有精力旺盛、心情愉悅的清晨，也會因此開啟元氣滿滿的一天。

2
好的睡前習慣

第一步：遠離手機、電腦等電子設備。

螢幕的光會讓我們興奮，同時抑制褪黑素的產生。

第二步：寫下感恩日記或記錄一天中的愉悅瞬間。

回憶一天中值得感恩的三件事，或者三個美妙的瞬間，為自己的快樂持續積攢能量。

第三步：讓你的身體和精神鬆弛下來。

你可以做這些事：

- 點上令人精神紓緩的香薰或使用精油
- 閱讀文學作品，如小說、詩歌等能令情緒放鬆的作品
- 聽令人放鬆的音樂
- 練習呼吸或冥想，做睡前瑜伽

第四步：保證不被打擾的深度睡眠。

好的睡眠是保證第二天良好狀態的關鍵。要維持良好的情緒和旺盛的精力，必須保證好的睡眠。

八 45 分鐘工作法：專注的力量

1

一個自由職業者的專注法寶

我們生活的這個時代最大的特點就是資訊繁雜 —— 資訊、娛樂方式都傾向於過剩。相較資源匱乏的時代，我們看似更容易獲得快樂 —— 網路上充斥着各種各樣的段子，隨處可見一串又一串的「哈哈哈」。短暫的快樂更容易獲得了，但奇怪的是，它們帶來的不是「穩定的快樂」，而是「穩定的疲憊」和審美疲勞。這些刺激並沒有實質性地提升我們的愉悅感，反而導致我們對快樂的要求愈來愈高，神經愈來愈麻木。

所以，要想在這一片紛雜中獲得穩定的快樂，我們需要具有以下兩項能力：

第一，能從繁雜的資訊、方法中挑選出適合自己的，找到能持續帶給自己喜悅和成長的人、事、物。

第二，專注於這些人、事、物。

按照本書的脈絡，讀到此處，相信我們基本上已經找到這個階段適合自己的事情了，但如何才能讓這些滋養我們的事情融入我們的生活，持續增強我們開心的能力，而不再被繁雜的資訊拽入到「熵混亂」[10] 中下墜呢？

毋庸置疑，「專注」是應對這一切最重要的能力，也是我認為能夠有效對抗現代病，去經歷更豐富人生的關鍵。

對於很多自由職業者、居家辦公的人來說，與鬆散對抗是一件尤為重要而艱難的事情。如果讓工作日的時間白白荒廢，那休息日也就失去了它應有的意義。有張才有弛，有緊才有鬆，如果每天都處在「鬆」的狀態裏，那鬆弛就失去了意義，反而會令你長期處於壓力之中，失去了釋放壓力的機會。這會使你疲憊緊張，不管怎樣休假、睡覺都很難迅速恢復滿血的狀態。

多數情況下，我們擁有很高的壓力和焦慮指數，不僅因為我們不會努力，同樣也因為我們不會休息。特別是自由職業者和個人創業者，因為時間可以自由支配，反而導致了最大的不自由。由於沒有固定的上班時間，工作的時間可以用來休息，休息的時間也可以用來工作，沒有嚴格的界限，就

10 熵是熱力學中表示物質狀態的一種參量，這裏的「熵混亂」引申為事物的雜亂無序。

容易導致工作不專注、休息不徹底，從而長期處於疲憊狀態。

作為一個 10 年的自由職業者，我既在這種自由中獲得了很多靈感與創意，也養成了全年無休的生活習慣。對我來說，沒有「下班」的狀態，甚至度假時都滿腦子是創作和思考。對於這份職業來說，永遠沒有完美或收工的時候，永遠需要更多的、更好的作品。

實在是太累了。

起初我還可以依靠體力和精力硬撐，直到有一天，當這種疲憊長期延續，我才發現很多時候，自己並不是沒有時間和靈感，也並不是想要拖延，只是沒有力氣保持專注了。我這才意識到問題的嚴重性，也明白了一個道理：不會努力的人也一定不會休息。

如果你長期處於慢性疲勞狀態，那麼努力和休息都是你需要學會的事情。很多情況下，我們因為不努力、長期拖延，所以休息的時候也不坦然、充滿愧疚。這兩種狀態必然互相牽扯，使我們進入精力匱乏和情緒消極的惡性循環。

而 45 分鐘工作法，則可以幫助我們打破這個循環。

······· 2 ·······

45 分鐘工作法

45 分鐘工作法是我基於「番茄工作法」的一種自我嘗試和延伸。它的時間劃分更適合自由職業者，也適合有一整天時間可以自由支配的人。

它有三個特點。

第一，它的週期是「45 分鐘 +15 分鐘」，即專注和休息

的時間加起來是 1 個小時。這非常有利於我們迅速規劃一天的時間。

即使你起床的時間不固定，一天的工作有時候是從早上 8 點開始，有時候則是從早上 9 點半開始 —— 無論具體時間為何，因為這種工作法的週期是 1 小時，你都可以一目了然地看到這一天自己的專注次數 —— 你一共進行了幾次 45 分鐘的專注。

這樣既可以很直觀地看到你的工作週期，方便計算效率，也節省了很多做規劃的時間，從任何一個時間點開始下一個小時的安排，規劃出一天的專注與休息時間。

第二，它有嚴格的「工作」與「休息」時段劃分。

如果你有一整天的時間可以自由支配，那麼你可以按照 8 小時的工作時長，在這一天中為自己安排 8 至 9 次 45 分鐘的專注，並在中間安排 1 小時的長休息。

這尤其適合解決自由職業者「創作無止境」的問題。如果你可以保證自己每天有 9 次 45 分鐘的專注，就可以在這之後像一個下班的員工一樣，坦然地出門運動、看電影，再也不需要在休息時段思考工作了。

在時間完全可以自由支配的「自由創作日」，我的時間就是嚴格按照這種方法安排的，在中午設定一次 90 分鐘的長休息。它非常適合居家辦公與自由職業者，能保證專注同時又不至於疲憊。

第三，它的時長分配更有利於學習、創作或者邏輯思維的訓練。

番茄工作法的週期是「25 分鐘工作 +5 分鐘休息」，這種時間劃分可以讓你在任何情況下直接進入專注狀態，不會用太多藉口去拖延。25 分鐘並不會耽誤太多事情，即使還有其他安排，你也可以見縫插針找到專注時間。

但這種工作法更適合集中處理事務性工作，對於創作者或者需要用一長段時間專注學習的人來說，25 分鐘有些短了，只夠進入集中注意力或勉強找到創作邏輯的狀態。

於是我開始嘗試用不同的方式來安排自己一天的專注時間，通過實踐，我認為「45 分鐘 +15 分鐘」或「50 分鐘 +10 分鐘」的時間安排更適合創作與學習。

隨着這種安排變成習慣，我也會按照自己的任務量和精力去做時間或次數上的調整。如果有很緊急的交稿任務，我就會在 9 個專注循環的基礎上再多給自己安排一些「加班」的循環，以督促自己完成任務。

另外，根據自己的專注能力和當天的身體狀態，將「45+15」變成「50+10」或者「40+20」都是可以的，只需要保證週期長度為 1 個小時，方便計算專注次數，並可以在任何情況下隨時啟動。

3

了解自己的「創作效率」

為甚麼我一直強調要「計算專注次數」呢？計算自己的專注次數有甚麼用？

實際上，了解自己的專注次數非常重要，因為了解自己的工作效率是時間管理和專注力練習中很重要的一環。

關於工作效率的計算，我之前的思路是，如果一天寫了 5,000 字，那麼我一天的工作成果就是 5,000 字。但這一天具體是怎麼度過的？是睡了半天還是出門開了半天的會？這種計算方法並沒有顯示。

而在這種思路下，如果我沒有完成 5,000 字的寫作任務，便會忽視一天的時間安排，只得到一個任務失敗的結論，把問題歸結在我的自控力或時間管理能力上，很容易累積挫敗感。

但是如果使用 45 分鐘工作法，我們就可以在一天的時間線上，一目了然地看到自己在每個時間段都做了甚麼。這樣會帶來兩點好處。

第一，我們可以更合理地為自己安排任務。

如果這一天我寫完了 5,000 字，就可以立刻通過時間線看到自己是用了多少個 45 分鐘完成的，也可以大概算出自己每 45 分鐘完成了多少字。這樣一來，即便沒有一整天的自由時間，我們也可以為自己合理安排任務量。

如果每 45 分鐘我可以寫 800 字，而這一天只有兩個小時的寫作時間，那麼我就會為自己安排 1,500 字的任務量。

第二，我們更容易了解「時間都去哪兒了」。

通過清晰明瞭的時間線，我們可以清楚地看到自己沒完成任務的根本原因 —— 是臨時有其他工作安排？還是因為過於疲憊睡了幾個小時？或者是在工作時間做了別的事情？這樣，我們會在下一次遇到類似情況時找到應對方法，不再將問題簡單歸因。

所以，我一般會在每次「45 分鐘專注」的最後 5 分鐘，大概記錄一下我在這個時段的工作量。了解自己每個時段的工作量，了解自己的工作效率，以後做工作規劃的時候就不會出現任務過多或過少的情況了。這樣既能對自己的工作進度有一個合理的預估，也會更容易達成目標，減少無法兌現的工作承諾。要知道，無法兌現的承諾既會讓你對自己失望，也會損害你在別人心中的信譽，徒增很多愧疚和壓力，害人又害己。

……… 4 ………

「45 分鐘 +15 分鐘」的時間可以用來做甚麼

其實，「45+15」的時間安排，不僅適用於創作和學習，也可以根據其他任務去做具體分割。比如，你需要搬家、整理房間，或者練吉他、健身，都可以將任務安排到「45+15」的週期裏。這樣，你也會知道自己的一天是如何度過的。

下面是我的例子：

45 分鐘的專注

☆輸出／創作

音樂 + 寫作：意識流寫作，認真寫作，碎片積累，隨意的旋律創作，動機整理

☆輸入

看書，分析作品，整理摘抄

☆工作連擊

完成必要的工作溝通和工作任務

☆技能訓練

完成必要的樂器學習、聲樂技能訓練，以及與「業務能力」相關的日常學習、練習

15 分鐘的短休息

冥想，3 分鐘呼吸練習，上廁所，喝水，跑步，遛彎，遠眺，拉伸，瑜伽

中間 1 小時的長休息

吃飯，小睡，冥想

結束工作後

☆純粹休閒

運動，看劇，看視頻，刷社交媒體，看小説

☆習慣養成

練字，做飯，整理房間

☆生活規劃

制訂旅行計劃、社交計劃、人生計劃等

☆社交

whatsapp 聊天，更新自媒體，約人吃飯、看電影、逛街

5

每天必備的 45 分鐘梳理時間

對於創作者，或者每一個有獨處和梳理習慣的人來講，如果長期忙亂，沒有時間來整理自己的思緒和收穫，會有一種每天都過得渾渾噩噩的感覺。而對於我來説，這種混沌感會加劇我的疲憊。

在前文中，我們了解了 45 分鐘工作法，但如果所有的時間都被安排得滿滿當當，該如何找到時間來梳理和靜思呢？

我有一個習慣：即使一整天都排滿了工作，我還是需要用至少 45 分鐘的專注時間來梳理前一天的工作並規劃當天的任務。

我會把這 45 分鐘放在清晨，用來做自己的「45 分鐘晨間日記」（如果早上的時間比較緊張或者不習慣早起，也可改為睡前做日記）。日記一般包括三方面的內容：

即時回饋

總結前一天的工作和生活，為自己的努力做一個即時回饋，看到自己做了甚麼，有哪些具體的付出，細數或大或小的收穫。

磁碟重組

梳理一天記下的創意和靈感，為未來的創作做儲備。

時間預覽

在時間線上大概畫出新一天的安排，了解新的一天要做甚麼。

剩下的專注時間，可以根據當時的具體狀態用來規劃、閱讀、冥想、自我對話，或者尋找新的靈感、重新梳理生活方向。

這個方法適用於所有人。對於有全職工作又想發展其他愛好的人來説，這 45 分鐘也可以用來進行固定的技能訓練。每天一個 45 分鐘的積累，讓我們對自己「積少成多」的過程可觀可感。即使遇到瓶頸期，沒辦法精確直觀地看到自己的進步，但通過時間的積累，我們至少可以看到自己的付出。

6
堅持 21 天

雖然「21 天養成習慣」的理論有待驗證，但將 21 天作為一個訓練週期，用三週的時間把「45+15」的循環納入自己的日常生活中，至少可以被當作一種習慣養成的方式。

請在這 21 天內給自己設定一個大概的要求。

如果你是自由職業者，那就參考我一天的時間規劃，從最少 9 個週期開始。隨着習慣的養成，可以適度地為自己加量或改變時間分配。

如果你有全職工作或者還在上學，那就在早上或者晚上，至少為自己留出來一個「45+15」的週期做些事情，同時每天給自己一點總結和精進的梳理時間。也可以每隔一段時間，在週末或假期中找出不被打擾的一整天，按照我的時間安排試驗一下這種工作方法。這一整天可以用來梳理規劃、學習技能，或者精讀一本你一直沒辦法集中注意力閱讀的書。相信這樣的一整天，會讓你有一種煥然一新的感覺。

45 分鐘的工作內容可以更換，按照你每週的重點來調整。如果這週的重點是打掃衛生，那就安排 45 分鐘打掃；如果這週的重點是搬家，就劃出 45 分鐘來整理物品；如果這週的重點是寫作，就用 45 分鐘書寫或閱讀；如果近期你有想要學會的技能或者需要複習的知識，就用 45 分鐘進行訓練或複習。

在這 21 天裏，建議你不斷簡化自己的啟動流程，讓自己可以最快地進入專注狀態，最終能夠不費力氣地開始。我的方法是，每天起床後用第一個 45 分鐘來建立專注狀態並寫下晨間日記。如果需要一大早外出工作，我會讓自己早起 45 分鐘，保證第一次專注時間不被打擾。

找一個常用的時間規劃軟體，提前設定好「45+15」的週期，然後記錄下自己的開始時間，一整天的工作就可以展開了。我比較常用的手機應用是「潮汐」，因為它的介面比較好看，也可以挑選背景音效。我會用 iPad 上的軟體來計時，然後把手機放到另外一個房間。

堅持 21 天之後，相信每天按照「45+15」的週期安排時間，就會變得像吃飯一樣自然。

一旦它變成一個自然而然的習慣，對精力的消耗就少了，你就可以不費力氣地按照當下的情況輕鬆調整。它將不再佔用你的「規劃時間」，而是直接成為你日常的一部分。

下面是一些幫助你提升專注力的技巧：

- 對某個事物有足夠多的興趣
- 減少環境中的干擾，比如少看 whatsapp、IG
- 提早制訂好一天的計劃——總是考慮要做甚麼也會佔用記憶空間
- 短時間（例如 10 分鐘）地休息
- 調整好坐姿，鬆弛的坐姿會讓人更專注
- 聽古典音樂，比如巴洛克音樂
- 喝茶好過喝咖啡
- 進行戶外活動

本章總結

工作為甚麼不快樂

重新審視了「工作不快樂」閉環背後的邏輯，介紹了為自己做心理建設、應對不輕鬆但非常重要的工作方式。

提升自我效能感

介紹了工作中非常重要的一種心理概念「自我效能感」，以及如何建立這種效能感。

在工作中建立「心流」

介紹了「心流」理論，分享了在工作中建立「心流」、提升愉悅感和效率的前提和條件。

培養覺察能力

分享了自我覺察能力對專注力、體力和精力分配的重要意義，分享了訓練覺察力的方法。

如何對抗拖延

分享了拖延症的心理成因，以及一些改善拖延的方法。

做起事情來毫不費力的辦法

介紹了將一部分日常流程固定的重要性，要將堅持變為習慣，形成肌肉記憶。

自律的技巧：好習慣列表

分享了良好的晨間習慣和睡前習慣。

45 分鐘工作法：專注的力量

介紹了 45 分鐘工作法的時間安排和優點，以及它該如何應用於具體工作。

不在乎太多得到的歡暢和失去的落寞

我知我喜樂　縱情跋涉　自有我應得結果

不想要太多浮誇的生活和盲從的飛蛾

我有我選擇　有你懂得

何須全世界認可

——《篤信》

第七章

旅程的終點是甚麼

無論是一場「好心情之旅」，還是任何一個你期待的突破或改變，在讓你的生活和狀態變得更好之前，一定存在着困難和挑戰，而你在克服了這些困難和挑戰之後，也一定能得到收穫。

所有的成長，無論是心靈層面的歷練還是生活技能的獲得，實際上都是微縮的「英雄的旅程」。

「英雄的旅程」是著名神話研究學者、作家坎貝爾在其著作《千面英雄》中總結出來的概念。他研究了無數神話傳說的敍事，發現了一套適用於多數成長故事的敍事原理，這套理論將每一位英雄的冒險和成長總結為 12 個環節：

- 平凡生活，正常世界
- 受到冒險的召喚
- 對冒險抵觸甚至拒絕
- 受到啟發或導師的鼓勵
- 勇敢踏出邁入非凡世界的第一步
- 在外冒險，受到重重考驗，遇到志同道合的夥伴
- 跌入谷底，想要放棄
- 嚴峻的考驗：受到生死考驗，強大的敵人佔據上風，在所有希望喪失之時，爆發出本色力量，死而復生
- 找到寶藏，獲得利器、秘笈或財富

- 滿載而歸，回顧歷程
- 重新開始生活
- 在平凡世界裏收穫更好的自己和更好的生活

有趣的是，坎貝爾的「英雄之旅」不僅適用於神話故事裏歷盡萬難的英雄，從心理學的角度也適用於每一個普通人的成長。坎貝爾將榮格的分析心理學融入了《千面英雄》，這個敘事範本也正是榮格「自性化」[11]的寫照。

我們可以通過這個模式來編寫英雄故事、理解神話敘事，同樣，也可以將這一理論套用到自己的成長中，試着去描述出自我成長的「英雄歷程」。要知道，無論是改變世界還是改變自己，所有嘗試都是一種勇敢的冒險，我們都是自己的英雄。

在這本書的終點，我的最後一個建議是 —— 回顧你的「好心情之旅」，寫下你這一路的英雄故事。

這是一場屬於你的英雄遊戲，創作它的第一步：你需要一張通關地圖，也就是屬於你自己的人生地圖，是你對未來的一個大致規劃。它的思考邏輯分為三個步驟：

第一步，我們先從一場宏大的旅程開始設計，想像自己要成為一個怎樣的人，撰寫一個屬於你自己的奇妙故事。

第二步，在這個宏大的故事中選擇那個最關鍵的目標，做一個針對目標事件的規劃。

第三步，將這些規劃細化為每一天應該要做的事情。

11 「自性」是榮格分析心理學的核心，意為心靈的中心與整體。表達和實現自性完整性的過程就是自性化。

現在，請以上面的思路，把你的人生規劃拆分為：終身目標、三年目標和一年目標。以下是我的一年目標：

一年目標

① **工作／成就：**《好心情手冊》出版，創作 2-3 首單曲，學會基礎音樂製作。

② **家庭／社交：**有穩定的親情和友情，和可以深度交談的朋友定期見面。

③ **身體／精神：**堅持每週 2-3 次健身，大多數時候處於穩定積極的狀態。

④ **自我實現：**出版的書可以讓讀者的狀態變好，我的音樂可以令人愉悅。

以此為例，填寫你的人生規劃吧：

終身目標

① **工作／成就：**

② **家庭／社交：**

③ **身體／精神：**

④ **自我實現：**

三年目標

① 工作／成就：

② 家庭／社交：

③ 身體／精神：

④ 自我實現：

一年目標

① 工作／成就：

② 家庭／社交：

③ 身體／精神：

④ 自我實現：

重要提醒

為甚麼我們要先從較長的週期來規劃人生呢？

因為上帝視角更利於看清問題，不會讓我們像「迷宮中的老鼠」一樣沒有全域觀。多數情況下，如果我們不從一個更廣的視角去考慮問題，而是專注於即時享樂，那就會像迷宮裏的老鼠一樣被乳酪吸引着走進一條又一條死胡同。我們常常覺得老鼠好笑，鼠目寸光，十分愚蠢，但實際上，我們很多時候都在做着和老鼠一樣的事情 —— 悲傷的時候向愛人朋友無節制地發泄，無聊的時候「買買買吃吃吃」，為了讓自己開心不停地看劇、打遊戲，刺激自己分泌多巴胺。而做這些事情時，前方的陷阱和機關依然存在，嚴重的問題和急需處理的事情一直懸在我們頭上。

所以，我們需要跳出來，在更長的時間軸上來看待自己的人生。這樣我們就會更清晰地知道，哪些事情能夠實實在在地通向更好的生活，而哪些事情雖然看起來有趣，卻在消耗我們的時間和精力。

我們當然不可能永遠擁有上帝視角，也不可能毫無差錯地徑直找到迷宮出口，過程中也一定會因為疲憊而由着性子跑去享樂，這是人之常情，不需要過分責備自己。我們只是需要為自己建立一張相對清晰的長線思維藍圖，當我們的人生陷入頹廢、茫然的狀態時，能夠借助這張藍圖，跳出來看一看自己走到了哪裏，該如何從目前的困境中脫身。

另外，很重要的一點是 —— 制訂計劃不是為了框住自己，所以要給計劃留出「寬容空間」。

要知道，大多數人的計劃都不能嚴格執行，並不只是因為他們自控力低下。

我們總是會錯誤地估計自己的效率和注意力的持久度，環境的不確定性也一直在影響着我們的行動。所以，我們寫下長期的目標，並不是為了用一個死板的尺度框定我們的進度和完成日期，而是為了讓我們在原地踏步或者後退時，能夠依然面朝那個正確的方向，而不是費盡力氣原地打轉。

「初心」也是這個意思 —— 你出發時想要到達的地方，有你最渴望擁有的東西和能夠最大程度帶給你愉悅與成就感的目標。

在規劃出一年、三年和終身的目標之後，我們要開始回答以下問題，通過具體的故事進程形象化地看到自己在現實世界中的挑戰與成長。

平凡生活，正常世界：
現在的你有哪些困擾，哪些優勢，哪些欠缺？

受到冒險的召喚：
甚麼原因使你想要改變現狀？

對冒險抵觸甚至拒絕：
有哪些事情阻撓你展開行動？你最大的阻礙和擔憂是甚麼？

受到啟發或導師的鼓勵：
有哪些人給了你啟發、激勵，或者你看了甚麼書和電影，聽了甚麼音樂，讓你開始期待改變？

勇敢踏出邁入非凡世界的第一步：
你決定開始這趟改變自己的旅程了，那麼，把邁出第一步的時間、地點寫在這裏吧！
時間：
地點：

在外冒險，受到重重考驗，遇到志同道合的夥伴：
邁出第一步之後你首先遇到了甚麼困難？有哪些人在那時給了你支持與幫助？

跌入谷底，想要放棄：
你面臨的最大挑戰是甚麼？在甚麼情況下你想過要放棄？

嚴峻的考驗：
你憑藉甚麼從谷底走了出來？想像你真的需要在一場遊戲中復活，你認為自己是憑藉哪些能力和優勢復活的？

找到寶藏，獲得利器、秘笈或財富：
經歷了嚴峻的挑戰後，你認為自己最大的收穫是甚麼？可以是現實經驗、內心成長等所有有形或無形的資產與收穫。

滿載而歸，回顧歷程：
目標實現之後還有甚麼危機或不足？而那些經驗與收穫又將如何持續在你的生活裏發揮作用？

重新開始生活：
經歷這趟旅程之後，你的生活發生了哪些改變？這些改變又將如何延伸出更多的價值？

在平凡世界裏收穫更好的自己和更好的生活：
旅程結束了，一切新鮮的體驗已成為日常，你又想要展開哪些方面的新探索呢？

一切理論都是灰色的，唯有生命之樹常青。

——《浮士德》

寫在最後

旅途結束，再見啦

縱觀全書，這趟「好心情之旅」背後的邏輯，或者說每個人變開心的邏輯是 ——

第一步：我想要成為一個怎樣的人？

第二步：我渴望過上怎樣的生活？

第三步：我可以通過哪些事情來成為這樣的人、獲得這樣的生活？

第四步：誠實地回答自己，我是否有能力實現這些事情？

第五步：依據自己的價值觀做出判斷 —— 做這些事情是否真正能令我收穫長遠的開心？

然後，用以下方式去主動、積極地執行：

- 利用優勢
- 讓自己保持狀態的積極（通過健身、冥想等）
- 養成習慣，而不是依賴意志力，在一些重要的事情上逐漸讓自己不費力氣（將部分日程程式化）
- 和情緒友好相處（提升大腦的積極率）
- 尊重自己的基本價值觀，學會取悅自己，收穫自得其樂的性格
- 專注於能夠令我們發揮優勢的事情，面對打亂我們節奏的事情，在負責任的前提下找到好的解決方法，慢慢遠離

- 學會合理的自我放縱（建立個人滋養清單）
- 好好溝通，建立互相滋養的關係
- 在生活、工作的各個方面尋找平衡（收穫蓬勃的人生）

那麼，本書最初設定的三個目標，你實現了嗎？

目標一：穩定情緒曲線，提升幸福基準線

請再次畫出自己的「情緒曲線」，堅持記錄至少三天。把你的各項得分標注在坐標系裏後，再計算一次你的幸福基準線得分。

請在你的電子版「好心情測試本」中完成。

目標二：成為一個「自得其樂」的人

綜合前幾章的內容，像我這樣，在電子版「好心情測試本」中的表格裏進行自我梳理和定義：

姓名：邵夷貝

優勢：學習能力、理解能力、創造力

已經擁有的技能：幾門擅長的學科、音樂、獨立思考的能力

弱點：體力弱、注意力容易被干擾

好習慣：45 分鐘工作法，正念冥想

壞習慣：拖延、興趣過度廣泛

優勢、能力和好習慣帶給我的可能性：我有足夠豐富的知識儲備，有很好的理解能力、文字表達能力和演說能力，有音樂人的專業技能，可以創作綜合的創意作品

近來確定的目標：成為一個有理論支撐的創作者

為了達成這個目標，我可以使用哪些優勢和能力：學科知識、理解力、表達力、創造力

目標三：獲得蓬勃的人生

「蓬勃人生」的核心特徵是：

- 擁有積極情緒：總體而言，你覺得自己很幸福
- 能夠專注投入，擁有興趣：喜歡學習新事物
- 有明確的意義和目的：通常會覺得自己的行為是有價值的

「蓬勃人生」的附加特徵是：

- 自尊：通常自我感覺良好
- 樂觀：總是對自己的未來持樂觀態度
- 擁有復原力：身處逆境時，不需要很長時間就能恢復
- 具備活力：精力旺盛，知道「怎麼玩」
- 自主：有對前進方向的信念和堅持
- 擁有積極關係：在生活中，有人真正關心你

按照上述九個條目，逐一在書中找到對應的章節，總結一下自己是否已接近了蓬勃人生的狀態。

如果沒有，還有哪些欠缺？

最後，在四個維度的靶心圖上再標注一下你此刻的位置。

（你此刻身體狀態和情緒狀態的好壞程度）

很不好　1　2　3　4　5　6　7　8　9　10　非常好

（你對此刻生活現狀、外部環境、現實遭遇的滿意程度）

很不滿意　1　2　3　4　5　6　7　8　9　10　非常滿意

（面對生活中重大的突發事件和劇烈變化，你傾向於積極地解讀並迅速紓解情緒，還是悲觀地解讀並花很長時間理解和接受）

消極悲觀　1　2　3　4　5　6　7　8　9　10　積極樂觀

（你是否清楚自己喜歡做甚麼，是否已經在做能實現自己價值的事情了）

不清楚，沒在做　1　2　3　4　5　6　7　8　9　10　很清楚，在做了

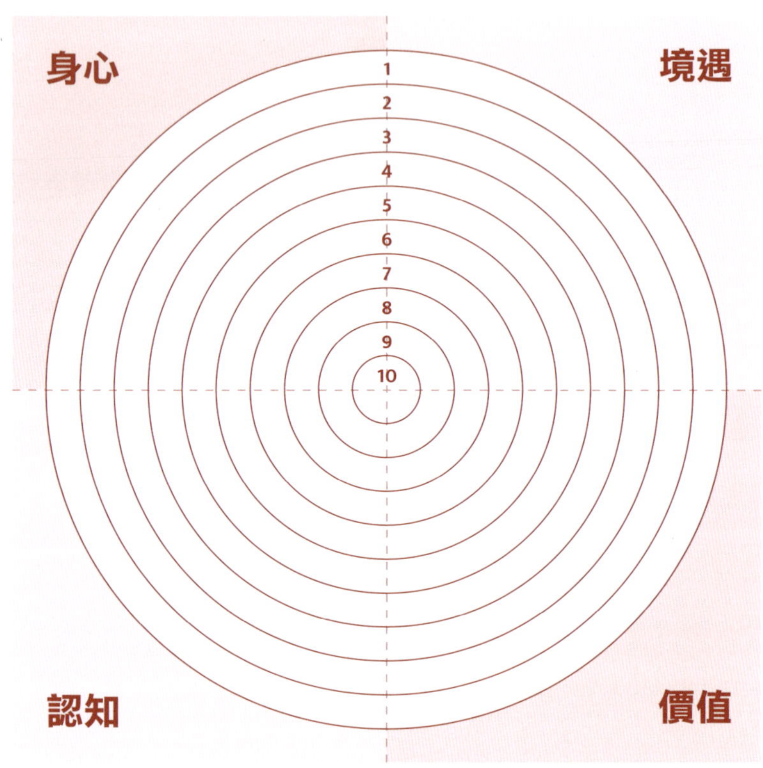

此刻，「現實中的你」與「理想中的你」、「現實生活」與「理想生活」之間的差距還有多少？你的身心、境遇、認知、價值四個維度是否平衡？

「好心情之旅」就是協助你建立穩定的理想狀態，並平衡生活中這幾個維度的旅程。接下來的人生歷程中，也需要你繼續在這種平衡和錨定的方向上努力思考，將這些工具用到習慣，再讓習慣改變你的人生。

參考書目

1 羅斯·哈里斯著，祝卓宏、張婍、曹慧等譯《ACT，就這麼簡單！接納承諾療法簡明實操手冊》，機械工業出版社，2016 年。

2 C.R. 斯奈德、沙恩·洛佩斯著，王彥、席居哲、王豔梅譯《積極心理學 —— 探索人類優勢的科學與實踐》，人民郵電出版社，2013 年。

3 約翰·蒂斯代爾著，聶晶譯《八週正念之旅 —— 擺脱抑鬱與情緒壓力》，中國輕工業出版社，2017 年。

4 芭芭拉·弗雷德里克森著，王珺譯《積極情緒的力量》，中國人民大學出版社，2010 年。

5 馬克·威廉姆斯、丹尼·彭曼著，劉海青譯《正念禪修 —— 在喧囂的世界中獲取安寧》，九州出版社，2013 年。

6 馬丁·塞利格曼著，趙昱鯤譯《持續的幸福》，浙江人民出版社，2012 年。

7 艾倫·卡爾著，丁丹譯《積極心理學 —— 有關幸福和人類優勢的科學（第二版）》，中國輕工業出版社，2013 年。

8 加布里埃爾·厄廷根著，吳國錦譯《WOOP 思維心理學 —— 開啟夢想與成功的秘密》，中國友誼出版公司，2015 年。

9 邵夷貝著《我站在螞蟻這一邊》，江蘇文藝出版社，2012 年。

10 約瑟夫·坎貝爾著，朱侃如譯《千面英雄》，金城出版社，2012 年。

好心情手册

邵夷貝 著

責任編輯 缽缽豬
裝幀設計 阿 奇
排　　版 時 潔
印　　務 劉漢舉

出版
非凡出版
香港北角英皇道 499 號北角工業大廈 1 樓 B
電話：（852）2137 2338
傳真：（852）2713 8202
電子郵件：info@chunghwabook.com.hk
網址：http://www.chunghwabook.com.hk

發行
香港聯合書刊物流有限公司
香港新界荃灣德士古道 200 - 248 號
荃灣工業中心 16 樓
電話：（852）2150 2100
傳真：（852）2407 3062
電子郵件：info@suplogistics.com.hk

印刷
美雅印刷製本有限公司
香港觀塘榮業街 6 號海濱工業大廈 4 樓 A 室

版次
2025 年 1 月初版

規格
32 開（210mm x 150mm）

ISBN
978-988-8912-36-0